DEEN池森秀一の365日そば三昧

気がつけば３６５日、
ほぼ毎日、蕎麦を食べてました。

体調管理の一環で食べはじめたつもりが
コンサートツアーのたびに全国の蕎麦屋を回るようになり
自宅でも昼食は蕎麦。

気がつけば３６５日、ほぼ毎日、蕎麦を食べていました。

食べれば食べるほど奥深い、蕎麦はそんな食べ物ですが
僕は、食べ方や知識、作法などにそれほど詳しくありません。
十割蕎麦で楽しめる蕎麦粉の味わい、香りを愛する半面
“蕎麦つゆにたっぷり浸す”
“スーパーで買った乾麺と調味料で調理”
なんてことも大好きなのです。

恐れ多いことに、そんな毎日が一冊になりました。

この本では、僕ならではの蕎麦ライフを紹介します。
適度にユルく、でも、ちょっとマニアック。
池森流のそば道を、ご一緒に楽しんでいただけると幸いです。

おしながき

制作協力 GOOD-DAY CO.,LTD
Sony Music Labels Inc.

編集協力 浅田慶輔（GOOD-DAY CO.,LTD）
山口育孝（Sony Music Labels Inc.）

テキスト 吉田可奈（インタビュー）
竹田聡一郎（店舗紹介）
写真 宮腰まみこ
装丁 岩井宏和（ラディカル）
髙山真秀（ラディカル）
デザイン 水野桂助（ナカノデザイン）
スタイリスト 井上理愛
ヘアメイク 冨永歩美（CLASICO）

校閲 高阪智子
販売 伊奈禎
製作 佐々木亮／青木健輔

協力 水野和佳

編集 阿部慎一郎

はじめに

小さな頃からお蕎麦が好きだったワケではない

——編集部を代表してお話を聞かせていただきます。よろしくお願いします！　あろうことか、蕎麦に全く造詣が深くない30代女子なんですが…。

「あ、そうなの。ぜ〜んぜんＯＫ」

——そもそも、お蕎麦はいつごろから好きだったんですか？

「〝そもそも〟が一言目って面白いね（笑）。そうだよね、気になりますよね。でも、小さな頃からお蕎麦が大好きだったワケではないんですよ」

——そうだったんですか⁉

「はい。ツアーを回るための体力づくりのために、とあるパーソナルトレーナーさんと出会い『身体を変えましょう』と食生活を見直した時期があったんです。それが36歳くらいの頃かな。そこでトレーニングを本格的に始めて、合宿に行ったり、言われたままの食事をするようになったら、みるみる筋肉がついてきたんです」

——とても素直な身体だったんですね。

「めちゃくちゃ素直！　筋肉がついている最中って、男性ホルモンが増えるらしいんですよ。そうすると〝この筋肉を見せたい！〟という〝イケイケドンドン〟な気持ちになってくるんです。洋服も、スポーティーでタイトな服を着るようになったり、どんどんナルシスティックになっていくんですよね」

——危ない予感がしてきました…。

「そうなんです…。本能的に〝自分は強い〟と思い始めたり、筋肉を見せ始める新たな自分をふと客観的に見たときに〝あれ、僕はどこへ向かっているんだろう〟って（笑）」

――気づいて良かった！

「本当に良かったんですよ！　もちろん、男らしいグループや、ダンスグループの一員だったら、ムキムキでカッコいいかもしれないけど、DEENの歌をふと思いだしたら、明らかに違うって気づいたんです」

――客観的に見られる時期に気づいてよかったです。本当に良かった…。

「ただ、憧れの雑誌『Tarzan』に出られたりなんかもしてね。『Tarzan』の撮影ではね…」

――池森さん！　蕎麦の話をしましょう！

「そうだ、そうしましょう。トレーニングをしていたら僕のウェイトが7kgくらい上がったので、これを落とすにはどうしたらいいだろうと考えたときに、石原結實《ゆうみ》さんのプチ断食を扱った本を見つけたんです。この本には1日のどこかで断食をしましょうと書いてあって、朝をにんじんジュースに替え、昼はお蕎麦とネギ。そして夜は好きなものを食べる生活に変えたんです。そしたら、本当に体調がよくなって、体重もするすると落ちていったんです。きっかけはそんなことなんですよ」

蕎麦はダイエット向き　1か月7kg落ちました

――身体に合っていたんですね。

「そうですね。最初は夜まで蕎麦しか食べないと体力が持たないんじゃないかと思ったんだけど、そんなことはなくて、むしろ体調もいいし、胃もたれもなくなったんですよ。それからは、毎日その生活を続けています」

――お蕎麦を毎日食べ続けて、体調の変化はありましたか？

「もともと風邪をひきやすい方ではないと思うんですが、体調は良くなった気がします。今の人間って、食べ過ぎらしいですよ？　だって、食べ物がありすぎますからね。さらに、疲れにくくなりました。専門家ではないけど、蕎麦はダイエットには向いていると思います。ちょっと本のコンセプト変わるかもしれないけど（笑）。1か月で7kg落ちました」

――そこまでストイックになれる原動力はどこにあるんですか？

「太りたくはないんですよね…」

――あ～。

「〝あ～〟ってなりますよね!?　年齢を重ねると、どうしても太りやすくなるらしいんですよ。でも、カッコよく歌を歌うためにも太りたくないし、自分がそうありたい。こういう仕事をしてなかったら、太ってしまっても、好きなものを食べていたかもしれないですよね。ただ今の食生活は、お蕎麦は大好きだし、夜は好きなご飯を食べられるし、まったくつらくないんですよ」

――ストイックというよりも、凝り性なのかもしれないですね。

「そうかもしれないですね。これからも、朝・野菜ジュース、昼・お蕎麦、夜・好きなものを食べて、太らずにいい歌を歌っていきたいと思っています」

全国の十割蕎麦を食べ歩くように

――池森さんが特にハマっている、十割蕎麦とはどんなものなんですか？

「僕が当時飲んでいたにんじんジュースの提案をしていた先生が、どれだけにんじんジュースがすごいかということを話していたんですよ。あ、これは十割蕎麦の話はないんですけど」

――十割蕎麦の話が聞きたい…。

「そうそう、十割蕎麦ね（笑）。1回目の47都道府県ツアーの時に、蕎麦屋をピックアップして食べていたんだけど、そのなかで自分が美味しいと思うものを改めて見ると、だいたい十割蕎麦だったんです。そこから十割を意識して選ぶようになりました」

――やっぱり十割蕎麦は味が違うんですか？

「確実に違いますね。蕎麦粉だけで小麦をつなぎとして使ってないから、見た目はすごくまばらだし、細かったり太かったりするんだけど、それがうまいんですよ。あとはつなぎがない分、本当にとろとろとした蕎麦湯ができる。それもおいしいんですよね。とにかく十割。つゆがどうのこうのも、そんなにないですね。十割蕎麦はお店によって本当に味が違うから、その奥深さを知って、どんどんいろんなところに行きたくなるんです」

――お店はネットで調べて？

「そうです。十割蕎麦って店舗数も限られてくるので、逆に絞られていいんですよ。普通に美味しい蕎麦屋を探したら、それこそ、そこそこの数が引っかかってきますから。30分ぐらいの距離だったらがんばって行きます！」

つゆもビシャビシャにつけるべし

――池森さんは、人によってはご法度なつゆにたっぷりつける派なんですよね。

「そうです。最初はもちろん蕎麦だけで味わうけど、美味しいお店ってつゆも絶対こだわっているから、たっぷりつけるべきだと思ってるんだよね。もちろん濃さがわからない最初はちょっとずつつける。追いつゆがないところはだいたい濃いからね。薬味はわさびとネギだけ。このシンプルさが大好きなんです。全都道府県を回ったときに気づいたんですけど、ネギは西の方に行くと白ネギじゃなくて青ネギになるんですよね。僕は北海道の人間だから、最初はすごく違和感があった」

――他には薬味は使わないんですか？

「海苔はいらないし、ごまもいらないし、大根おろしもいらない。基本はわさびだけで大丈夫。自宅のわさびはハウスの特選わさび（笑）」

――そのライトさが池森流なんですね（笑）。

「蕎麦の専門雑誌から取材の依頼がきたときも、乾麺で０ＫＫな人でも許されるんだったらやろうと（笑）。僕は、蕎麦はスーパーで買うべし、つゆもビシャビシャにつけるべし、ですからね。だから蕎麦打ちとかも興味なくて。だってプロが打ったほうがうまいに決まってるじゃないですか（笑）。食べに行きたい。いろんなところに連れていってもらいたい」

――本格派もカジュアルなものも、どちらの蕎麦も好きなんですね。蕎麦のなにがそんなに魅力的なんでしょう。

「香り、のどごし、歯応え、なんでしょうけど……蕎麦って食べたあとに『食べてよかった』っていつも思うんですよ。もちろん他にも好きな食べ物はありますけど、食べたあとに、やっぱり蕎麦にすればよかったと何回も思ったことがある。なんなんでしょうね。最初は健康の面も強かったけど、すっかり蕎麦の沼にはまってしまった気がします（笑）」

蕎麦屋でアルバイト経験も…

「そういえば、僕は昔、蕎麦屋でアルバイトをしていたんですよ」

――そういう大事なことは最初に言ってくださいよ！（笑）

「いやいや、そこで蕎麦を好きになったワケじゃないし（笑）」

――なってないんですか（笑）

「でもその時に、蕎麦粉と小麦粉の配合があることを知ったんです。そこで蕎麦粉だけを使っているのが十割蕎麦だってことを知り、のちに自分の好みを知ることにつながっていくわけです。北海道から上京してきてたった1か月の頃ですが、今思うとまったく土地勘なく、出前に行かされたんだけど、地図も読めないから蕎麦がのびてのびて（笑）。目的地にたどり着かず作り直したことがありましたね。あはは！」

――笑い事じゃないですから。せっかくなのでそのアルバイト時代のお蕎麦とのお話を聞きたいんですが、どのくらいの期間やられていたんですか？

「1か月！」

――早！

「もっと長く勤めて、ここで苦労したから蕎麦に思い入れがあって…みたいな話だったらいいんだろうけど、僕ってラッキーボーイだからすぐにデビューしちゃって（笑）」

――（笑）。潔いからなぜか全然鼻につかない！

「店主もビックリしていましたからね。バイトに採用した1か月後に『このまま君だけを奪い去りたい』を歌ってたもんだから」

――それはビックリするでしょう！　なんかこの先お話を聞いていくのが心配にもなってきましたが、どんどん池森さんのそば道に迫っていこうと思います。よろしくお願いします！

「どんどんいきましょう！　お願いします」

“目指せ全県制覇”

蕎麦巡りの旅

2019年 東北編

**全県制覇を目指し走破中の蕎麦巡りの旅
まずは青森、秋田、宮城を回った
最新の東北編からどうぞ！**

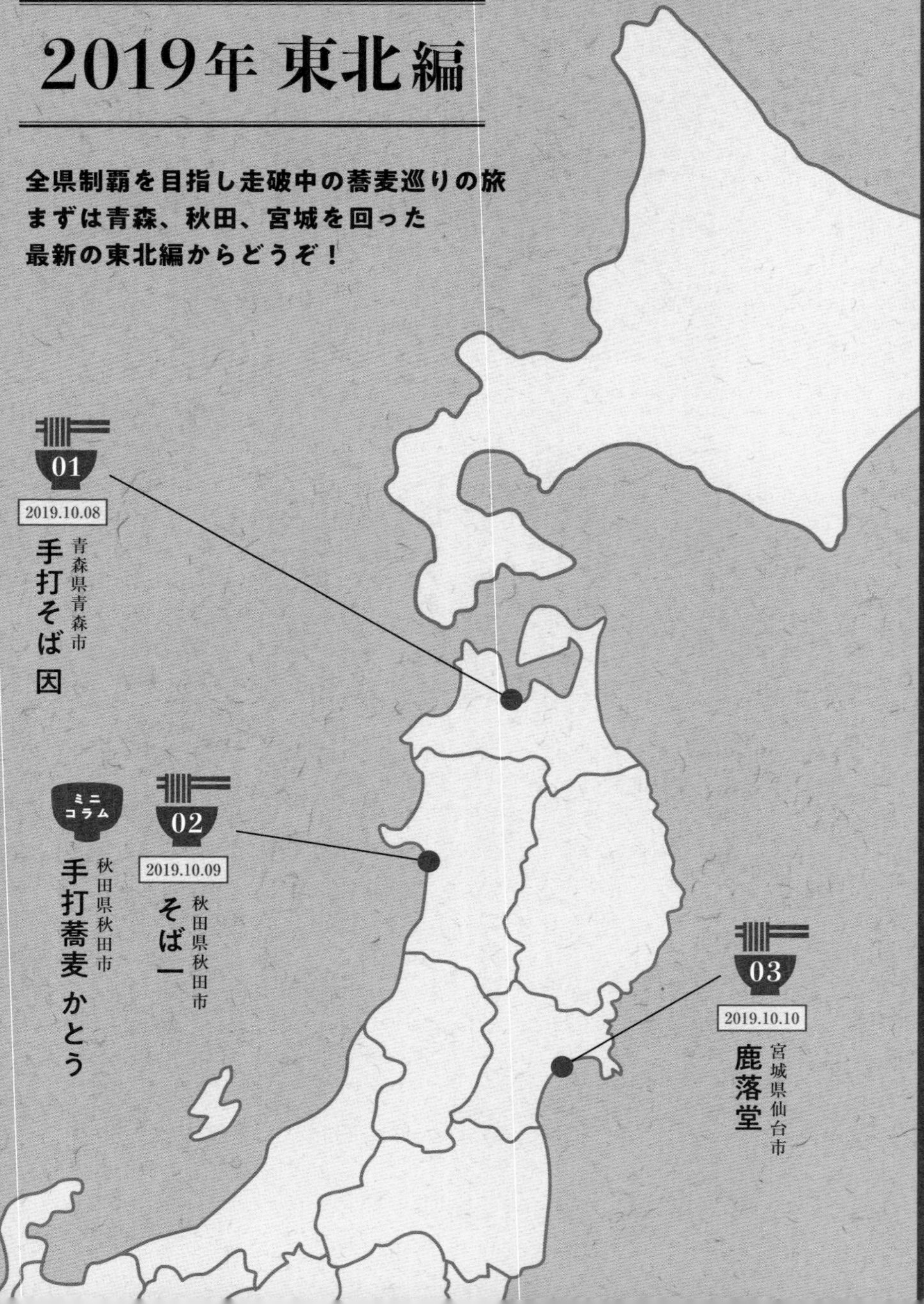

そば

01

青森県
青森市

—

2019.10.08

手打そば 因《かくだい》

「当時宿泊しているホテルから、徒歩1分くらいの場所にあったのでこのお店に入ったんですが、とにかくオシャレ！　ジャズが流れていて、お店もキレイで、お蕎麦屋さんじゃないみたいだったんですよ」

――最近そういったお店も増えてきていますよね。

「そうなんですよね。**店に入る瞬間から絶対に〝うまい〟って思った！**　僕の母の実家が青森県にあるから、なんとなく蕎麦文化があまり成熟していないイメージがあったんだけど、それを全部覆すような洗練さに驚きましたね。並ぶと聞いていたので、**開店の10分前から並んで、開店と同時にすぐに入りました！**」

――蕎麦湯はどうでしたか？

「ここの蕎麦湯はすごくさらっとしていて。それは、僕が食べたのがまだ一食目だからって言われたんですよ」

01 手打そば 因

青森駅から続くアーケード街に位置する、2014年に開店した和風モダンな人気店。極細で繊細な麺は喉越しが良いだけではなく、コシも決して失わない特徴的な味わいだ。「十割せいろ」はランチ限定メニューとなっている。

住 青森県青森市新町2-6-21
電 017-722-2507
時 11時30分〜14時30分、18時〜21時（月曜は昼のみの営業）
休 なし

――なるほど！ 蕎麦湯も時間が経つほど変わってくるんですね。

「そうなんですよ。**午後になると、もうちょっとドロッとするらしい**んです。そうやってちゃんと教えてくれるスタッフもなかなか珍しいので、すごく楽しかったですね」

――とっても細くて美しい麺ですね。

「そうなんです！ **真っ黒の麺でこの細さは初めてのパターン**でビックリ！ つなぎがないから、つるっとした感じではないんだけど、僕はつるっとしていない方が好きだからちょうどよかったんです。しかもね、〝**つなぎがない分、どんどん水分が蒸発しちゃうからすぐに食べてください**〟って教えてくれて」

――美味しい蕎麦を食べてほしかったんでしょうね。

「**僕が写真を撮っていたから、早く食べてほしかったんだと思う（笑）**。大将も、ロックが好きそうでワイルドな方で、すごくオシャレな店だったんですよ。それにも度肝を抜かれました！」

ミニ
コラム

秋田の「手打蕎麦かとう」に行けなかった話

このお店は、ホテルからすぐ近くだったし、美味しいと噂だったから、この本のためにも絶対に行きたかったんです。当日、そのお店の向かいで信号待ちをしていたら、返対側から現れたご婦人２人組がそのお店に入っていったんです。「もしや…！」と嫌な予感がして、青信号になって速歩きでお店に向かったら、なんとスタッフが出てきて**「支度中」という看板が…！**　せめて一杯でも食べさせてくれないかと交渉したんだけど、もう麺がないからどうにもならいと言われてしまい…。でもその原因は、ホテルを出る前に僕がトイレに行ったからだと思うんですよね。**あのトイレさえなければ…！**　（その後ツアーではしっかり食べてきました）

そば
02
秋田県
秋田市
—
2019.10.09

そば一

――このお店も食べログで選んだんですか？

「そう！　食べログで**〝元祖ぶっかけそば〟というのを見つけて**、このお店に入ったんです」

――元祖ってすごいですね。

「でしょ？　お店に入ったら、従業員はおばあさんが多くてですね」

――みなさん元気に働いてらっしゃるんですね。元祖ですもんね。

「う…うん。それで、お店の方に〝この元祖ぶっかけそばを食べたいんですが…〟と言ったら、**〝これは……うちのメニュー？〟**と返されてしまいまして」

――まさかのお店側が把握していない？

「なぜかその時は（笑）。もうこれは諦めようと思って、**メニューにあった割子そばを食べました（笑）**」

――あはは。味はいかがでしたか？

02 そば一

庶民からそば通まで幅広い層が通うデパ地下の蕎麦店。白みがかった更科系特有の、さらりとした滑らかな麺が食感のまま食道を抜けてゆく。蕎麦の本懐ともいえる喉越しを気軽に味わうことができる。

住 秋田県秋田市中通2-6-1 西武秋田店 B1F
電 018-831-4511
時 11時～21時（LO20時30分）
休 なし

「美味しかった！ **山菜が抜群に美味しかったん**ですよ。十割ではないけど、ぜひここの山菜蕎麦は食べてもらいたい！ そして明るいお店のスタッフから元気をもらってください」

（後日確認をしたところ、ぶっかけそばはちゃんとメニューにありました）

そば 03

宮城県
仙台市
2019.10.10

鹿落堂《ししおちどう》

「このお店は、**店構えも、お蕎麦も仕事が相当丁寧**で、かなりこだわっていると思うんですよ。少し山の上にあって、仙台市を一望できるんです。蕎麦以外の時間は、カフェ甘味処になっていて、すごくオシャレなんです」

――本当にキレイなお店ですね。

「和食器や茶碗も売っていて、**大きな板ざるで来る**んだけど、**2枚はペロッといけちゃう十割蕎麦**でしたね。**麺がすごく太い！**」

――薬味は何が付いているんですか？

03 **鹿落堂**

鳴子川渡産の玄蕎麦を安山岩の石臼で粗挽きした「自家製粉手打ち十割挽きぐるみそば」をはじめ、素材から道具まで地産にこだわったオーナー・兵藤氏が厳選する、日用品を展示販売するカフェ、ギャラリーも併設している。

住 宮城県仙台市太白区向山1-1-1
電 022-395-8074
時 11時～17時（蕎麦のLOは14時30分）
休 金曜日

「普通の大根おろしではなく、**辛味大根が付いている**んです。あとは、**自家製の唐辛子味噌もついていました！**」

――美味しそう…！

「とっても美味しいですよ！　これを麺に直接付けて食べてくださいって言われたから、試しに食べてみたら、赤唐辛子よりも深みがあって、**〝こんな食べ方があったのか！〟**って驚いちゃいました」

――池森さんが好きな辛味大根もありますしね。

「そうそう。**3、4回は味変して楽しめるお蕎麦**でした。あとは、スタッフの感じがすごく良くて、カフェの店員さんみたいなんです」

――池森さんが思うカフェの店員さんってどんな接客なんですか（笑）？

「余計なことをしゃべらず、かといって気取っているわけではなく…。スターバックスみたいだった！」

――新しいお蕎麦屋さんの例え…！

「本当に丁寧に仕事をしてくる感じがひしひしと伝わってくるお店でした。それとお店の下の階に、オーディオマニアの池森としては心ときめく、マッキン

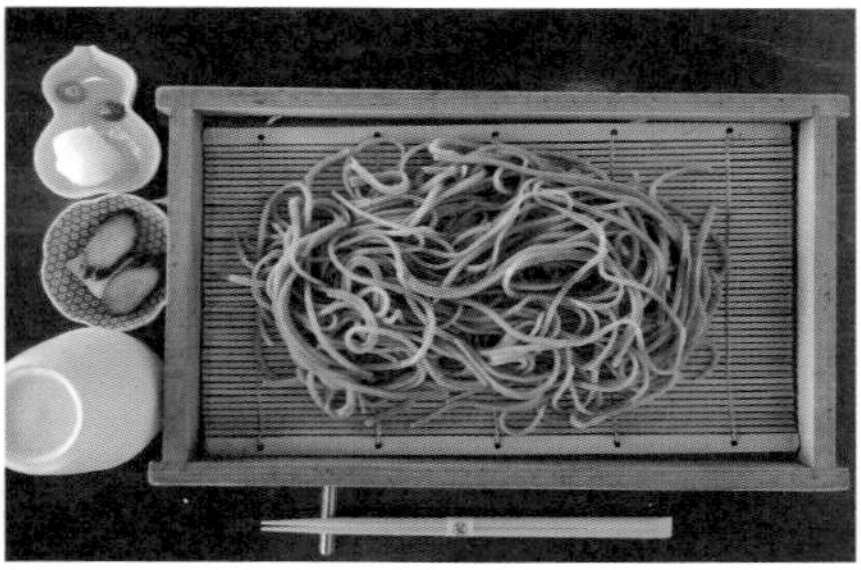

トッシュのアンプとＪＢＬの大きなスピーカーが置いてありました。これは絶対に**主人が音楽好きだと見た**よね。ブランディングされてて、すごくいいお店だと思う」

――お客さんも幅広そうですね。

「そうだったね。若いカップルや親子、三世代など、バラエティに富んだお客さんがたくさんいたね」

――今調べたら、やっぱり演奏会などをやっているみたいですね。

「やっぱり！　きっと、ここはチームなのかも。蕎麦打ちをする人、甘味を作る人、コーヒー淹れる人など、かなりスタッフが多かったから、そうやって専門性を持たせているんだろうね」

＼ 都心から1時間 ／

そば畑に行ってみた

「蕎麦は食べることしか興味がない！」という池森秀一だが、
東京から1時間で行ける蕎麦畑がある、という話を聞いて興味津々。
取材期間は開花の時季ということもあり、思い切って足を運んでみました。
池森流そば道が新たなフェイズに突入した、
蕎麦畑訪問の密着取材です！

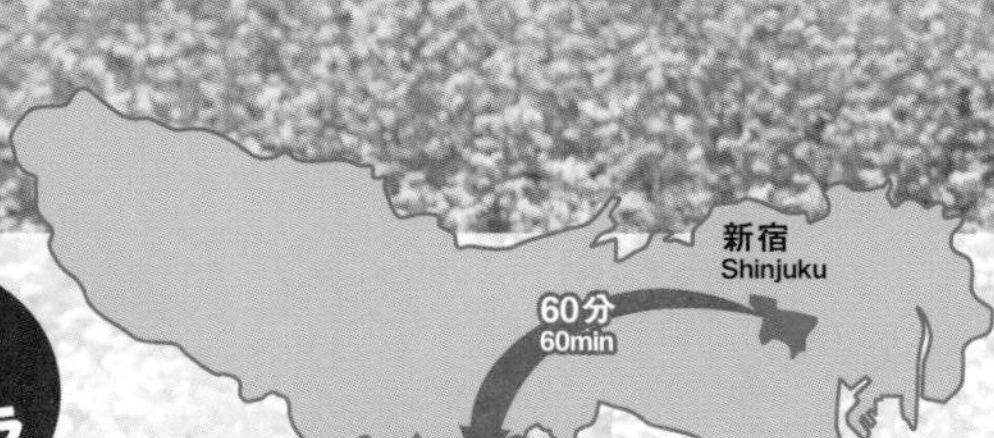

訪れたのは
コチラ

町田市ふるさと農具館

住／東京都町田市野津田町2288
電／042-736-8380
営／9:30〜16:30（2月〜10月）
　　9:30〜16:00（11月〜1月）
休／月曜日（祝日の場合は翌日）、
　　年末年始

※駐車場なし
　公共交通機関をご利用のこと

お話を
聞いたのはこの方

七国山ふれあいの里組合
岩澤正さん

家族の畑を継ぎ、
町田市で蕎麦畑を
栽培する。畑は蕎麦と
菜の花の二毛作。
季節によって異なる
景色が広がる。

池森　今日は初めて蕎麦畑に来たんですが、あまりにも蕎麦の実が小さくて希少なものだということに感動しました！

岩澤　天候次第で蕎麦の実が穫れる量も変わりますからね。いつもこの畑では500Kgくらい獲れるんですが、昨年は天候が安定しなかったので半分もいかなかったんです。

池森　半分となると、実際にお蕎麦になるのは何袋くらいなんですか？

岩澤　2000袋くらいかな。それを350円で売るから、あっという間に完売するんです。

池森　安すぎますよね⁉　育てるのも大変だし、さらにそれをお蕎麦にするまでものすごく手間がかかっているのに、そんなに安いなんて⁉　1000円でも安いくらい！

岩澤　あはは。池森さんは初めて蕎麦畑を見てみて、いかがでしたか？

池森　もっと背の高い植物だと思っていたら、すごく小さくて、さらにそこから穫れる蕎麦の実もすごく少なくて驚きました。

冷えた土地が向いていて土に栄養がなくても育つ

岩澤　信州大蕎麦は見栄えもいいですし、背丈もあるのでもっと立派ですよ。今年の品種は、背が低い分、天候にはやや強いんですが、人間の足にぶつかると茎は折れてしまうんです。なので、収穫の時も気をつけながら収穫しないといけないんです。

池森　そうなんですね。東京は蕎麦を育てるにはいい場所なんですか？

岩澤　基本的には冷えた土地が向いているんですが、土に栄養がなくても育つんです。ただ、雨に打たれたり、あまり日に当たらないとなると良くないんですよ。

池森　やはり信州蕎麦というくらいだから、長野は空気や気温、寒暖の差なども適しているんでしょうね。

岩澤　そうですね。やっぱり、お水や気候が関わってくるので、もし作るのなら信州が間違いないのかもしれないですね（笑）。

池森　蕎麦がいちばん取れるのは北海道ですか？

岩澤　収穫量は北海道。幌加内町が有名ですね。

あまりにも蕎麦の実が小さくて、希少なものだということに感動しました

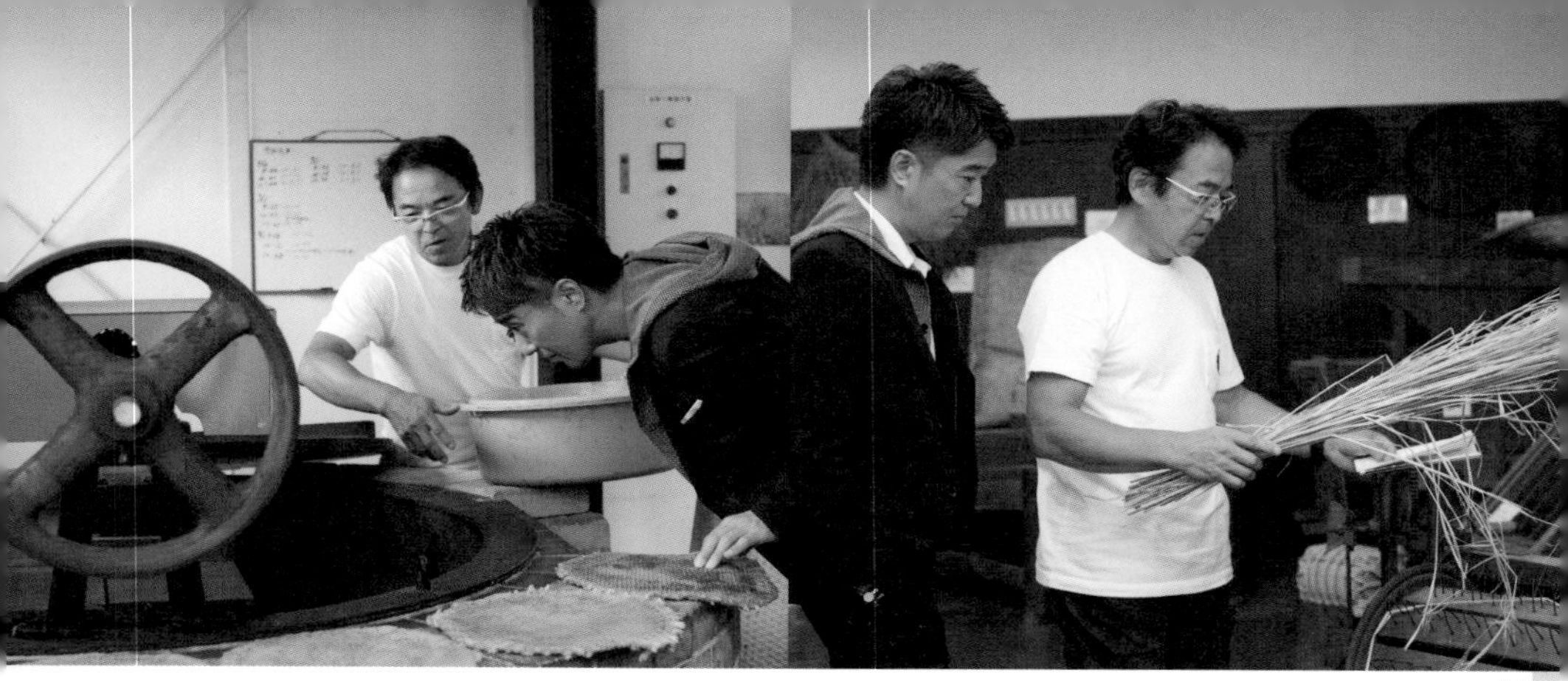

池森　基本的にワインみたいに品種が決まってるんですよね？

岩澤　基本的には量産していい品種が決まっていて、大半は国産ですよ。

池森　なるほど、勉強になりました。

一見簡単そうに見えるんですがかなり手間がかかるんです

池森　仮に僕が山に越してきて、蕎麦畑を自分で作って、年中毎日蕎麦を食べるとなると、どのくらいの畑があったら大丈夫ですか？

岩澤　そんな質問、初めて聞きました（笑）。もう本格的に考えているんですね！

池森　自分でできたら最高ですよね!?　僕の夢は十割蕎麦を浴びるほど食べることなので、それが自分でできたら最高だなって思っていて…。

岩澤　蕎麦って、種にDNAが入っていて、日照時間とリンクして開花の時季が決まっているんですよ。なので、早く種をまいても、早く花が咲くわけではないんです。発芽から収穫までの時期が短いので、一見簡単そうに見えるんですが、奥深いものがあって、かなり手間がかかるんですよ。

池森　そうなんですね。実際に蕎麦畑と蕎麦の実を見たら、その蕎麦を自給自足で食べられたらすごく楽しそうって思ったんだ

販売は原地でのみ。発売日には行列ができることも。

けど、難しそうですね…。ちなみに、岩澤さんが思う、美味しい蕎麦の調理方法は何ですか？

岩澤　基本ですが、大きい鍋で、たくさんのお湯のなかでお蕎麦を茹でたほうが美味しいですね。小さな鍋で茹でるとネバっぽくなってしまうんです。最後はざるで冷水をかけて締めたものをつゆにもつけず食べてもらいたいです。あったかい蕎麦にすると、美味しいんですが、蕎麦自体の味がわからなくなるんですよ。

池森　そうなんですよね〜！

岩澤　あとは、蕎麦つゆも、つけ蕎麦のような形で、つゆに豚肉やしめじ、大葉の天ぷらなどを付け合わせにして食べると、蕎麦の変わらない味わいが引き立ってすごく美味しいですよ。

池森　あ〜、食べたくなってきた〜！

後日談

少数しか売られない貴重な蕎麦
香りも味もしっかり楽しみました！

04 2017.5.28 新潟県新潟市 須坂屋そば

05 2017.10.4 栃木県日光市 玄蕎麦 河童

06 2017.6.9 茨城県日立市 花みずき

07 2017.6.10 福島県郡山市 蕎麦切り あなざわ

08 2017.6.12 岩手県北上市 千曲そば

09 2017.6.21 北海道釧路市 竹老園 東家総本店

10 2017.7.8 長野県松本市 そば処 ものぐさ

11 2017.7.13 大阪府大阪市 北浜 土山人

12 2017.7.14 大阪府大阪市 そば處 とき

13 2017.8.25 滋賀県大津市 本家 鶴㐂そば

14 2017.8.22 石川県金沢市 十割そば 越前

15 2017.8.23 福井県越前市 そば蔵 谷川

16 2017.8.24 福井県福井市 あみだそば 遊歩庵

17 2017.8.26 京都府京都市 手打ち蕎麦 かね井

18 2017.8.27 兵庫県豊岡市 甚兵衛

19 2017.8.29 鳥取県倉吉市 渋や

20 2017.8.30 島根県出雲市 出雲そば 羽根屋

21 2017.8.31 島根県出雲市 大社門前 いづも屋

22 2017.9.1 愛媛県松山市 手打蕎麦 せんり

23 2017.9.2 徳島県美馬市 まるせい

24 2017.9.3 高知県高知市 手打ちそば ちづる庵

25 2017.9.5 香川県高松市 そば処 古川

“目指せ全県制覇”

蕎麦巡りの旅

2017年 全都道府県ツアー編

約４か月にわたり
全国を巡った2017年のコンサートツアー。
その裏（真？）の目的は、実は蕎麦巡りの旅だった!?
北から南まで、巡った蕎麦屋はなんと33軒！

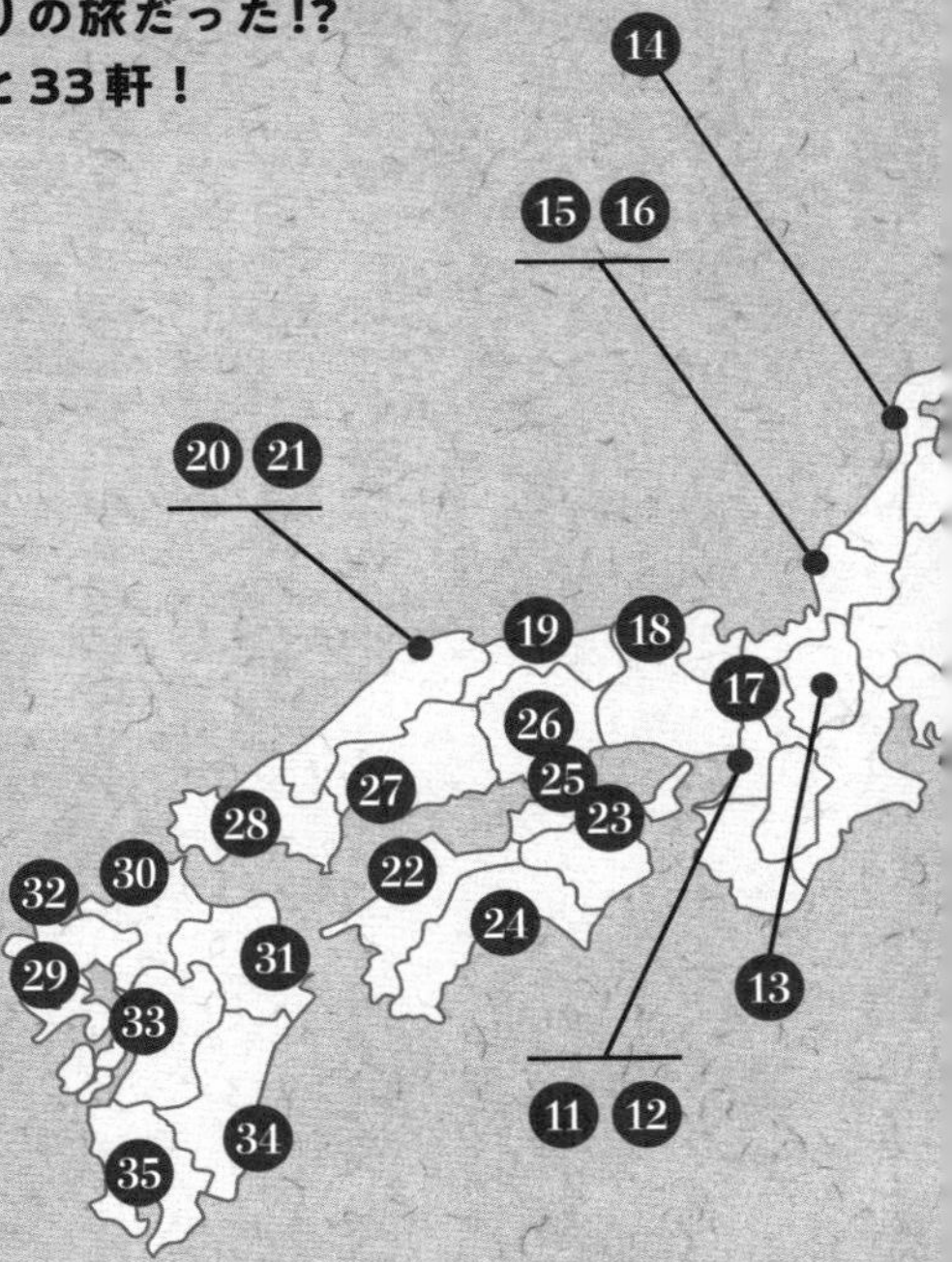

26
2017.9.6
ありま（閉店）
岡山県岡山市

27
2017.9.8
為楽庵
広島県広島市

28
2017.9.9
蕎麦YAOKI
山口県山口市

29
2017.9.11
元祖 天空房 山水
長崎県東彼杵郡

30
2017.9.12
十割そば 素屋 石丸本店
福岡県福岡市

31
2017.9.14
十割そば 谷岡
大分県大分市

32
2017.9.15
玄武庵
佐賀県唐津市

33
2017.9.17
そば処 いま村
熊本県熊本市

34
2017.9.18
蕎麦ゆかわ（閉店）
宮崎県宮崎市

35
2017.9.20
あき葉
鹿児島県鹿児島市

36
2017.9.23
十割そば 山楽
沖縄県那覇市

04 須坂屋そば

麺のつなぎに日本海産の布海苔《ふのり》を使い、スギやヒノキなどの木材「片木《へぎ》」で作られた正方形の器で供される新潟名物「へぎそば」の有名店。コシと喉越しに磯の香りが高いレベルで調和した一皿として人気を集めている。

住 新潟県新潟市中央区弁天1-4-29
電 025-241-7705
時 11時～25時（LO24時40分／日祝日はLO23時30分）
休 年末年始

そば

04

新潟県
新潟市

2017.5.28

須坂屋《すざかや》そば

——2017年に開催した47都道府県ツアーで、最初に食べたお蕎麦は、この〝へぎそば〟なんですね。

「新潟は昔から〝へぎそば〟がスタンダードみたいで。へぎそばの麺には、海藻が練り込まれていて、ほかの蕎麦とはまた風味が違うんですよね」

——そうだったんですね。この木箱に入っているビジュアルもいいですね。

「この箱を〝へぎ〟っていうらしいんです。そこに入っているものすごい量のお蕎麦を、**みんなで〝わー！〟っと言いながら食べるのが楽しいんです**」

——〝わーっ！〟ってなりますね、これはたしかに！

「でしょ!? みんなで突っついて食べるのが楽しいんですよ。毎回このお店に行くから、**このお店にはDEENのサインが3つくらいあります**」

——これはDEENファンの聖地になりますね。店主との思い出も…。

「**それはない！（即答）** でも本当に美味しいから、みんなで〝わーっ〟って言い

ながら食べてほしい！」

――（ないんだ…。）その〝わーっ！〟って言うのはマストなんですね？

「言っちゃいますよ。どうしたって言っちゃう」

――麺に海藻が練り込まれているとなると、どこかクセがあったりしないんですか？

「それがない。**海〜って感じもない**から、どんな人でも美味しく食べられると思います」

そば 05

栃木県
日光市
—
2017.10.4

玄蕎麦 河童

――ここは十割蕎麦になるんですね。

「ここは美味しい！　蕎麦粉の産地が2種類あったから、僕も2枚食べているんだけど、本当に美味しかったな〜」

――産地が違うと味は変わるんですか？

05 玄蕎麦 河童

店頭には「本日の蕎麦」という産地を示す木札が掲げられ、その蕎麦粉を使った十割を産地別に楽しめる平日限定の「十割 二種盛」が人気だ。二八蕎麦も扱っており、こちらも「田舎」と「丸抜」の2種類の製法で食べ比べ可能。

住 栃木県日光市瀬尾44-7
電 0288-25-8111
時 11時～15時 ※蕎麦がなくなり次第終了
休 木曜日、第1・3・5水曜日

「**それは覚えてない**」

――すごいはっきり、覚えてないって言った…。

「でも美味しいのは覚えています！　あと、蕎麦湯がどろどろのタイプなんですよ。実はこのお店、ツアー中に撮影していた映像作品用の自撮り動画を撮るのを忘れていて、**あとから再撮しに行った**ときに見つけたんです。撮影を忘れたのは僕が悪かったんだけど、この店に出会えたのは嬉しかったですね」

そば

06

茨城県
日立市

2017.6.9

花みずき

――ここは〝シフォンケーキとお蕎麦〟というキャッチフレーズがあるようですね。

「僕はお蕎麦しか食べないから、**シフォンケーキについては語れません**」

――承知しております（笑）。

「ここのお蕎麦は、**王道の十割蕎麦**です。このお店の真横が田んぼなんですよ。

06 **花みずき**

鹿島灘からの潮風が薫る田んぼに囲まれるように建つ、古民家風の蕎麦店。茨城県産の常陸秋蕎麦を中心に石臼で自家製粉した打ち立ての十割蕎麦は、強いコシとほのかな甘みも感じられる繊細な風味を保っている。

住 茨城県日立市水木町1-429
電 0294-53-1883
時 11時30分~14時30分、17時30分~21時（夜の営業は要予約）
休 月曜日（祝日の場合は翌日）

周りも何かがあるわけではないから、本当に十割蕎麦が好きな人が行くお店だと思います。僕もこの日、ライヴ当日にこのお店でお蕎麦を食べてから、楽屋に入りました」

——幸せですね。

「すごい幸せ！　でも、お腹いっぱいにはしていかないですよ。お腹一杯になると歌えなくなっちゃうから」

——そうなんですか？

「そうなんですよ。お腹にお蕎麦がたくさん入ると、横隔膜が自由に動かなくなっちゃうんです」

——それはダメだ。

「本当はお腹いっぱい食べたいんですけどね…」

07 蕎麦切りあなざわ

一番人気の「極上蕎麦切り」は、香りや甘みの強い胚乳《はいにゅう》中心部と中層部分をふんだんに使って打った数量限定メニューだ。極細で透明感のある麺ながら弾ける食感が楽しめる。濃厚な蕎麦湯のファンも多い。

住 福島県郡山市静町37−13
電 024−954−6363
時 11時～LO14時30分
休 火曜日（祝日の場合は翌日）

そば

07

福島県
郡山市

2017.6.10

蕎麦切りあなざわ

——このお店は、外観を見ただけで、お店がすごくキレイなのがわかりますね。

「そう！　新しくてすごくキレイでした。お蕎麦も上品で美しくて…」

——まるで、目で食べる蕎麦のようですね。

「そうですね。しゃれた空間だとテンションも上がりますからね。**更科の麺**だからすごく透き通っていて、**手間がかかっている**ことがそこからも伝わってきたんです」

——このお店とはどうやって出会ったんですか？

「これは食べログで発見しました」

——いつも食べログで探すんですか？

「はい。まず、自分たちが今いるところから、**十割蕎麦がどこにあるかを検索する**んです。そこから行ける範囲のところに足を運ぶという、なんともシンプルな探し方です」

――そこでいつも美味しいお店を探し出すことができているのは、なにかコツがあるんですか?

「どうだろうなぁ。でも、十割蕎麦を出しているお店って、意外と少ないから、その時点で絞られてしまうんですよね。そのなかで引っ掛かったお店に行っているから、言ってしまえば十割にハズレなしってところなのかも。あ!このお店は更科だった!」

――でもすごくおいしかったんですよね?

「めちゃくちゃおいしかった! **更科もハズレがないかも!(笑)**」

そば

08

岩手県
北上市

2017.6.12

千曲そば

08 千曲そば

藍色の暖簾をくぐり、カラカラと軽やかな音と共に引き戸を開けると燻した鰹節が香る…。古き良きニッポンの蕎麦屋の風情が残る老舗。国産の蕎麦粉にこだわった更科系の麺と、ボリュームたっぷりの天ぷらのセットが人気だ。

住 岩手県北上市中野町3-2-21
電 0197-64-5854
時 11時~20時
休 火曜日

――このお店は、かつ丼なども食べられるお店なんですね。

「どちらかといえば、**僕が1か月間バイトしていたお店に近い**かな」

――伝説の、瞬間でやめたバイトですね!

「あはは！　街中にあるのはこういったオーソドックスなお店は人気ありますよね。**美味しくて、お腹も満たせる。そして安い！　みんなの味方！**」

——大事です。十割蕎麦がないからこそ、あったかいお蕎麦を食べているんですか？

「それもあります。十割蕎麦があったら間違いなくせいろを選びますからね。たまに食べるあったかいお蕎麦も、とっても美味しい！」

そば

09

北海道
釧路市

—

2017.6.21

竹老園《ちくろうえん》 東家《あずまや》総本店

——このお店は『マツコの知らない世界』でも紹介していましたね。

「ここはうまいんですよ！　十割ではないんだけど、**麺にクロレラを練り込んでいる**んです。しかも、蕎麦のコースがあって、それが本当に美味しい。**蕎麦寿司という、蕎麦を酢でしめて、海苔巻きみたいにしているメニューがある**んですが、これがめちゃくちゃうまい！　**もう！　今！　食べてほしいくらい！**」

09 竹老園 東家総本店

北海道における蕎麦切りの元祖として知られ、歴代の天皇陛下も食した由緒と歴史を持つ名門の総本店。クロレラの粉末を使用した緑色の蕎麦は釧路のソウルフードとして親しまれている。

住 北海道釧路市柏木町3-19
電 0154-41-6291
時 11時～18時
休 火曜日

――池森さん！　ちょっと落ち着きましょう！

「…そうですね。でも、それくらい美味しいんです！　**ある意味anotherなわけよ。十割がstandardだったら！**」

――そ、そうですね。急に英語使われてビックリしました。でも、毎日行列らしいですよ。

「そりゃそうだよ！　でもここは団体で使えるような個室もあるし、お店もすごく広くて、過ごしやすいんですよ」

――ステキですね。このお店を求めて北海道に旅行するのも楽しそう！

「オススメ！　それくらい価値のあるお店だと思いますよ」

そば 10
長野県 松本市
―
2017.7.8

そば処 ものぐさ

――そして、お蕎麦の本拠地、長野ですね。

「**長野県は十割蕎麦のお店がいっぱいある**んですが、どこで食べても間違い

10 そば処ものぐさ

江戸時代の信州地方が発祥とされている十割蕎麦だが、その系譜を汲みつつ香りと喉越しを追求した蕎麦居酒屋。市内中山産の蕎麦粉9割で手打ちした無添加の九割蕎麦は、連綿と続く信州蕎麦の王道にありながら新しい風味を生んでいる。

住 長野県松本市深志3－5－23中沢ビル1F
電 0263－36－4705
時 11時30分〜14時、17時30分〜22時
休 月曜日

ないんですよ。**軽井沢に別荘を構えて毎日食べに行くのが僕の今の夢**です」

――やっぱり美味しいんですね。

「美味しい！　でも、蕎麦粉って北海道での生産が一位なんですよ。それでも、なぜか十割蕎麦は北海道ではメジャーじゃないんです。なんでなんだろうなあ。きっと長野の人は、十割蕎麦が当たり前だと思っていると思います」

――信州蕎麦は十割蕎麦の文化で有名ですからね。

「そうそう」

――江戸時代にも信州蕎麦は十割の代名詞だったとか。（今、調べた）

「そうなんだ！　だからこんなにも長野のイメージが強いんですね」

そば

11
大阪府
大阪市
2017.7.13

北浜土山人《どさんじん》

――このお店はものすごくオシャレですね！

「アンティークな雰囲気もあって、本当にオシャレ。実は当初、僕が泊まってい

11 北浜土山人

全国の契約農家から殻付きの状態で仕入れた蕎麦を、製粉から手打ちまでを店舗で行う西日本を代表するこだわりの蕎麦店。「すだち蕎麦」をはじめ「梅しそ蕎麦」など、オリジナルメニューも豊富だ。

住 大阪府大阪市中央区伏見町2-4-10
電 06-6202-0069
時 11時30分～15時（LO14時30分）、17時30分～23時（LO22時／土日祝はLO21時）
休 月曜日

たホテルのそばにあったのでふらりと行っただけだったんですが、**あまりに美味しくて、次の日にスタッフのみんなも連れていったん**です」

――ここでは、何蕎麦を食べたんですか？

「僕はほぼせいろしか食べないんだけど、その日はとても暑かったから、メニューの写真に惹かれてすだち蕎麦を食べてみました。そしたら！」

――そしたら！

「めちゃめちゃ！　めちゃめちゃ！　美味しかった！」

――良かった～！

「**あまりにも美味しくて、２日間２連ちゃんで食べた**からね！　**すだちってこんなにもお蕎麦が合うんだって大きな発見**だった！　すだちが入っているのを食べたのも初めてかも」

――酸っぱくないんですか？

「全然酸っぱくないし、すごくお蕎麦と合うんですよ。これを食べてから、**家で作る時もすだちを入れるようになりました**。あまりに美味しくて衝撃だったんですよ」

――それは十割だったんですか？

「そうなんですよ！　もちっとした十割蕎麦でした。このお店は兵庫県に本店があるみたいなんだけど、修業してのれん分けをしているみたいで。そのほか、**かぼすやゆずも試してみたんですが、やっぱりすだちが一番**でしたね。かぼすだと、和の感じが強くて。**どうしても秋刀魚を食べている感じになる**んですよ」

――なるほど…。なんとなく雰囲気的な話ですよね？

「そう！　確実にお蕎麦を食べているんだけど、口の中は松茸とか、秋刀魚とか、そんなイメージが勝っちゃう。だから蕎麦にはすだちがおススメだと思います！」

――（わかるような、わからないような…）

そば

12

大阪府
大阪市

2017.7.14

そば処 とき

——このお店は冷やしカレー蕎麦なんですね。夏季限定のようです。

「カレーって、どちらかというとうどんがメジャーかも」

——そうですね。カレーうどんはよく聞きますし、家でも作ります。

「北新地という、東京でいう銀座のような場所にあるんですよ。そのせいか、量も上品で、少ししかないんですが、料金はちゃんとしてるんです（笑）」

——〝料金はちゃんとしてる〟

「そう。ちょっとお高いんです。でも、本当に美味しかった！　もちろん、カレーだからスパイシーなんだけど、**蕎麦の出汁とカレーをミックスしていて、ちょうどいい辛さ**なんです」

——これは自分で作るのは難しそうですね。

「そうですね。それに、ちゃんと**旬な野菜をグリルして出してくれる**んですよ。この**夏野菜もすごく美味しかった**なぁ！」

12 そば処 とき

北海道音威子府《おといねっぷ》産の玄蕎麦を石臼で粗く挽きながら細打ちを実現させた、匠の技が光る。適度な〝ホシ〟がちりばめられた麺は素朴な香りを放ちながらも、キリリとした食感を生む。サイドメニューの巻き寿司も名物だ。

住 大阪市北区堂島1-3-4谷安ビル1F
電 06-6348-5558
時 11時30分～14時、18時～26時（第2・4土曜は昼のみの営業）
休 日曜日、祝日、第1・3・5土曜日

そば

13

滋賀県
大津市

2017.8.25

本家鶴㐂《つるき》そば

――このお店との出会いは古いんですよね。

「10年以上前に食べに行ったお蕎麦屋さんで、そのときに〝湯葉そば〟を食べたんですよ」

――『マツコの知らない世界』で食べていたお蕎麦ですよね。

「そう！　2007年の47都道府県ツアーの時に、地元のオススメランチを検索して、このお店にたどり着きました。お店の門構えが重要文化財みたいな建物だったのも惹かれましたね。そこでこの湯葉そばを注文したんですよ。麺は十割ではないんだけど、出汁が西日本だけあって透明で、**スープがとにかく美味しかった**んです！　その麺の上に、湯葉がそのままのってたんですよ！　それが**スライスチーズみたいにのっていて、その姿にビックリ**しちゃって……！」

――それは衝撃ですね。

「それからは、**どこのランチが一番美味しかったかという質問には、必ずこ**

のお店を答えていました」

――それくらい美味しかったんですね。

「うん。今でも覚えてるくらい！　まぁ、この間収録で食べたばかりというのもあるんだけど」

――言わなければバレないのに…。それからちょこちょこ食べに行っていたんですか？

「それが、その5年後に行ったら、季節限定だったらしくて、食べられなくて、本当に悔しくて…！　それで『マツコの知らない世界』の収録で食べられたわけなんだけど、本当に美味しかったな」

――どんな感覚でした？

「もう**初恋の人にまた会えたような感じ**かな…。でも**収録中だったからあまりよく覚えていなくて…**。美味しかったのは間違いないんだけど」

――だからそこを言わなければバレないのに…！（笑）

13 本家鶴㐂そば

比叡山で断食の修行を終えた修行僧が、回復食のために蕎麦を選んだという逸話が残る当地にて、享保元（1716）年に創業した老舗。創業時から絶やさず注ぎ足したかえしと、地元産で蔵仕込み醤油を使用した出汁にも定評がある。

住 滋賀県大津市坂本4-11-40
電 077-578-0002
時 10時～17時30分（LO17時）
休 第3金曜日（1月と6月は第3木曜日と金曜日、8月と11月は無休）、元日

14 十割そば 越前

皮ごと使用した大根の搾り汁を使った透明な出汁に、骨太で滋味溢れる十割麺が香り豊かに漂う、カジュアルな越前そばが味わえる。カツ丼などとのセットが人気の、北鉄金沢駅からアクセス至便なランチの実力店だ。

住 石川県金沢市此花町3-2ライブ1ビル1F
電 076-232-1070
時 11時30分～14時30分
休 水曜日、木曜日

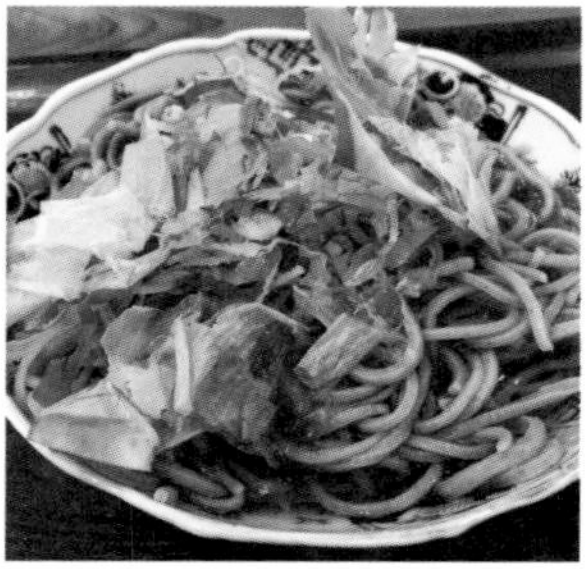

そば

14

石川県
金沢市

2017.8.22

十割そば 越前

―このお店はおろし蕎麦なんですね。

「ここも抜群に美味しかったな～」

―おろしが主役のビジュアルがとても印象的ですね。

「もう、餅みたいでしょ⁉ 一般的におろし蕎麦のおろしって、みんなは薬味のようにとらえていると思うんだけど、ワケが違うんです！ これは**大根ではなく、辛味大根という品種**だから！」

―ちょっと落ち着きましょうか！

「そうだね…（笑）。でも、辛味大根とはいえ、ここは、どんな人も食べやすいと思いますよ。**ちょっとマイルド！** あぁ、また食べたくなってきたなぁ」

15 そば蔵 谷川

低温貯蔵した地元丸岡産の玄蕎麦を毎日、石臼で手挽きする。特筆すべきは冷水だけで時間をかける独自の水回しの技術だ。野趣と繊細さが両立された北陸を代表する人気店。

住 福井県越前市深草2-9-28
電 0778-23-5001
時 11時30分～14時 ※蕎麦がなくなり次第終了
休 月曜日、火曜日、第1・3日曜日

そば

15

福井県
越前市

2017.8.23

そば蔵 谷川

――北陸地方もお蕎麦は美味しそうですよね。

「北陸は最高ですよ。もし、今後どこかの**お蕎麦をひとつだけしか食べられないと言われたら、北陸を選びます**ね！」

――何が違うんですか？

「これはもう、食べたらわかります！　もちろん、ベーシックなお蕎麦もあるんだけど、ここのおろし蕎麦に魅せられました！　**越前おろし蕎麦は福井県の郷土料理ですが、このお店のおろし蕎麦は本当に美味しくて！**」

――ここも十割なんですね。

「そう！　僕は一生懸命探しました。そして出会いました！　十割蕎麦に！」

――涙の再会の番組みたいになってきましたね…。

「なんだか、**蕎麦粉を食べているような麺**なんですよ！　そこに辛味大根をかけて食べると、こんなに美味しいんだって感動するんです。というか、辛味大根食べたことある?」

――あまりないですね。

「ないですよね。関東の人はあまり縁がないんですよ。**この辛味大根がね、ほんっとに辛い！　腹が立つくらい辛い！**」

――腹が立つんですか！

「立つ！　辛いもん！　それがガサーッとのっていて、鰹節とネギがたっぷりかかって蕎麦つゆがぶっかけられているんです。最初に食べたときは**あまりの衝撃に滞在期間の中、2日連続で行きました**からね。辛いけど、やみつきになるんです！」

――腹が立つくらい辛いのに?

「そう！　でも美味しいんです！　**いつもならあまり辛いものは食べられないんだけど、これだけは大丈夫**。もはや前のめりで、この辛さを体験しに行っています。実は、ここの大将が、〝おろし蕎麦の大根はお店によって違う〟って教えてくれたんですよ。そこで**〝うちはあえてガーンと腹が立つくらいのものをメインにする〟って**言っていて、心意気を感じましたね」

16 あみだそば 遊歩庵

蕎麦のメニューは基本的には十割の「おろしそば」のみで、大根おろし、わさび、とろろの3種の薬味で食べ比べができる。プライベートブランドの日本酒「福の井」との相性も抜群で、蕎麦食いだけではなく飲兵衛も集まる地域密着店だ。

住 福井県福井市中央1−9−1
電 0776−76−3519
時 11時30分〜14時 ※蕎麦がなくなり次第終了
休 不定休

そば

16

福井県
福井市
—
2017.8.24

あみだそば 遊歩庵《ゆうぶあん》

——こちらも福井県ですね。

「ライヴ当日に行ったお店で、もう一度越前蕎麦を食べようと思って食べに行ったんです。ここで食べたあったかいお蕎麦がすごく美味しかったな」

——麺がすごく太いんですね。

「そう！　**これが北陸の麺！**」

——「おろしそば三昧」には、味の違うたれが3種類つくんですね。

「そうそう！　これをつけながら食べると、**味変ができて本当に美味し**いんだよ。十割だし、文句なしの美味しさだった！」

——こういったエンタテインメント性のあるお蕎麦っていいですよね。

「そうだね。ストイックに楽しむのもいいけど、こうやって**いろんな味を楽しめるのも蕎麦の楽しみのひとつ**だからね」

17 手打ち蕎麦　かね井

ミシュランのビブグルマンを獲得した風情のある鞍馬口の名店。店主自ら石臼で丁寧に手挽き、製粉している。特に塩と一緒に一口目を勧められる「荒挽きそば」は蕎麦の香りを最大限に楽しめる。

住 京都府京都市北区紫野東藤ノ森町11-1
電 075-441-8283
時 11時30分過ぎ～14時30分、17時～19時 ※蕎麦がなくなり次第終了
休 月曜日（祝日の場合は翌日）

そば

17

京都府
京都市

2017.8.26

手打ち蕎麦　かね井

――次は京都ですね。ここの写真は外観のみなんですか。

「うん。お店の意向で外観しか撮影はしてない。**京都の文化とこだわり**を感じて、趣があるなって思いましたね」

――味はどんな感じでしたか？

「すごく上品なお味でした。**麺から水へのこだわりも感じる**んですよ」

――京都に来たことを感じさせてくれるんですね。

「そう！　商店街っぽいところにあるんだけど、京都弁が浮かぶような…。**食べていると、〝おいでやす…〟って言われているような感覚**になる！」

――どんな感覚ですか、それ！

「お上品で、優しい感じ！　〝本当に蕎麦にこだわってやっていますよ〟というのが蕎麦から伝わってくるんだよね。ここで感じたのが出汁の違い。やはり東北の方に行くに連れてどんどん濃く、黒くなっていく気がする。薬味の九条ネ

ギがとても美味しかったな〜」

そば

18

兵庫県
豊岡市

2017.8.27

甚兵衛

——ここは皿蕎麦が有名なお店になります。

「皿蕎麦は1皿を2〜3口くらいでペロッと食べられるから、**オーダーの時に〝何皿頼みますか？〟って聞かれる**んですよ」

——どのくらい食べられるものなんですか？

「5皿が定番みたいですけど、**10皿くらいは余裕で食べられます**よ。生卵と、山芋と、ネギがセットになっているので、生卵を出汁にいれて食べるもよし、とろろで食べるもよし、**何枚も味を変えて食べられるところが最高**なんです！

　僕も何度もおかわりをしているから、最終的には何皿食べたかわからないくらい！」

——皿蕎麦という文化はこの辺だけなんですか？

18 甚兵衛

〝北のわんこ、西の出石〟と比較されることもある、小ぶりの皿で複数枚（1人前は5皿）で供される出石名物「皿そば」の有名店。端正に整えられた太めの麺を、鰹節の効いたほんのり甘辛いつゆでいただく。

住 兵庫県豊岡市出石町小人14-16
電 0796-52-2185
時 11時～18時頃 ※蕎麦がなくなり次第終了
休 水曜日

「ほかのエリアでは聞かないから、そうだと思うよ。そういえば、このエリアには国道沿いに立派なおうちがたくさん立ってるんです。きっとこれは**蕎麦で建てた蕎麦御殿だね！**」

――偏見がすごい！　全員蕎麦屋さんをやっている前提で話してる！

「いや（笑）、**それくらい蕎麦屋さんがたくさんある！**」

そば

19

鳥取県
倉吉市
—
2017.8.29

渋や

「このお店は、かなり並ぶ名店なんです。僕達も**30分くらいは待った**かな」

――食べログを見ていても、相当並ぶから入れないというようなコメントが多いですね。

「そうそう。それを見てから、開店するちょっと前に行ったんだけど、それでも並んでいたんですよ」

――やっぱり美味しかったですか？

19 渋や

全国から厳選して取り寄せたそば粉をブレンドしながら店内で丁寧に石臼で挽く。コシと風味を両立させた爽快な喉越しの細麺を求め、特にランチ時は毎日、行列ができるほどの賑わいを見せている。

住 鳥取県倉吉市東巌城町467-4
電 0858-23-0323
時 11時30分～14時、17時30分～19時
休 日曜日（祝日の場合は翌平日）

「そりゃぁ、もちろん！　ここは十割蕎麦なんだけど、メニューに〝今日の蕎麦粉は○○県です〟ってちゃんと書いてあってそれは**蕎麦マニアにはたまらない**ですよね」

――やっぱり産地で味が変わるんですか？

「…たぶん」

――そこは断言してほしかった…！（笑）

「でも、ちゃんと産地が明記されているだけで、想像力がかきたてられて、美味しく感じるんだよね」

そば

20

島根県
出雲市

2017.8.30

出雲そば 羽根屋

—このお店は、献上蕎麦とも呼ばれているんですね。

「大正天皇に献上して以来、皇室に愛用される名店です。普通のせいろとは違って、わんこ蕎麦みたいに、**皿に移してから食べる**んです。小分けにしてあるから、好きなだけ食べられるのもいいんですよね。ネギは青ネギで、**僕的には2杯目のとろろ蕎麦が一番美味しかった！**」

—何杯目かで味が変わるんですか？

「うん。**薬味がそれぞれ違うものが入っているから、飽きることなく食べられる**。まあ、僕が蕎麦に飽きることはないんだけどね！」

—関東で献上蕎麦って聞かないですよね。

「たしかに！　出雲だからこそ食べられるお蕎麦ですね。そういう、**ご当地だからこそ楽しめる**のも楽しいですよね」

20 出雲そば 羽根屋

江戸末期創業の、蕎麦殻まで石臼で挽き込んだ「出雲そば」の代名詞的老舗。歴代の天皇が召し上がったことから「献上そば」とも呼ばれている。地方独特の「割子」という器に入った「割子そば」も人気だ。

住 島根県出雲市今市町本町549
電 0853-21-0058
時 11時～15時、17時～20時（LO19時30分）※蕎麦がなくなり次第終了
休 第1・3水曜日

21 大社門前 いづも屋

出雲大社参拝前後の腹ごしらえスポットとして長らく愛されている食事処。地産の岩海苔がのったシンプルな「釜あげそば」は、蕎麦の大地の香りと海苔の潮の香りが相まって食欲をかきたてる逸品だ。

住 島根県出雲市大社町杵築南775-5
電 0853-53-3890
時 10時～17時
休 火曜日

そば

21

島根県
出雲市

2017.8.31

大社門前 いづも屋

——このお店は出雲大社の目の前にある名店なんですね。

「ここは、本当に混んでいるので**お昼を避けた時間に行くのがおススメ**です」

——ここはどんなお蕎麦なんですか？

「釜あげそばには**岩のりがごっそりのっかっていて**、関西の透明な出汁ですごく美味しかったんですよ！」

——あれ、池森さんは蕎麦に海苔はあまり好きじゃなかったような…。

「口の中が〝ザ・海～〟になっちゃうからあまり好きじゃない！」

——それでも、このお店の海苔は大丈夫なんですか？

「ここはいい。**むしろのっけてほしい！**」

——（イマイチ基準がわからない…）

「あたり前だけど、刻み海苔とは全然違うから！」

そば

22

愛媛県
松山市

2017.9.1

手打ち蕎麦 せんり

――四国は、うどんというイメージが強いですよね。

「そうですよね。**僕も蕎麦が好きになるまでは四国に行ったらうどんばかり食べていたん**ですよ。うどんのクオリティは高いし、なにより安いですからね！　しかも、こしがいい。そういうイメージがベッタリ日本国民に焼き付いていたから、四国の蕎麦ってどんなもんだろうって思っていたんですよ。そこで訪れたのがこのお店、〝せんり〟でした」

――食べてみていかがでしたか？

「**〝四国といえばうどん、うどんって言っているけどふざけるな！〟**って怒られる声が脳内に聞こえた！」

――あはは。

「こんなにクオリティが高い蕎麦があるなら、早く教えてほしかった！　もちろん、うどんも好きなんですよ。香川にツアーに行った際には、毎日行っていた

22 手打蕎麦 せんり

毎朝、手で打つ流麗な極細麺に合わせるのは、鹿児島県産一本釣りの本枯れ節と、小豆島産の杉樽天然醸造の醤油などを使った特製のつゆ。蕎麦と一体となり瑞々しい喉越しを生んでいる。ボリュームたっぷりの天ぷらも評判が高い。

住 愛媛県松山市湊町7-6-10マリン・コミセン前ビル1F
電 089-932-6585
時 11時～15時（14時30分LO）、17時～21時（土日のみ／20時LO）
休 月曜日

くらい好きなんです。でもね、**うどんはお腹を満たすけど、蕎麦は心を満たすんですよ**」

——名言！

「ってテレビ番組の『秘密のケンミンＳＨＯＷ』で言ってた（笑）。でも確かに蕎麦って、お腹をいっぱいにする食べ物ではないんですよ。それはどっちがいいとかそういう問題ではなく、そもそも食べ物が違うんです。うどんは小麦粉100％。蕎麦は蕎麦粉。その**うどんの名産地といわれる四国で、この店は十割蕎麦を出しているんだから、すごい**よね」

——お店もすごくおしゃれな雰囲気ですね。

「うん。店構えも店内もすごくおしゃれだった！　ホームページも見てもらいたいんだけど、すごくカッコいいんですよ。こういうところまで洗練されているんだから、もう文句なんてひと言もでないよね！」

そば

23

徳島県
美馬市

2017.9.2

まるせい

「〝**本当にこんなところに蕎麦屋があるの!?**〟というくらい山道と住宅街を抜けて、田んぼが見えてきたところにあるんですよ」

――まるせいというお店ですね。

「ここの**店主は、すごくインパクトがあって**。まず、店に入ったらお客さんが食べるところで店主が普通にテレビを見ているんです。そこで〝どうも〟みたいな感じで蕎麦を作り出すんだけど、いきなり〝**十割を作れるのは俺しかいない**〟って言いだしたんです」

――すごい掴みきれないキャラの職人さんですね…。

「そう！　心の中で〝そんなことはないはず…。僕は今までいろんなところで十割蕎麦食べてきたからね〟って思ってたんだけど、食べるとやっぱり美味しいから、なんか納得してしまうんだよ（笑）！」

――このお店も『マツコの知らない世界』で紹介していましたよね。

23 まるせい

霊峰・大滝山の麓に佇む、寿司や割烹の板前であった店主が開いたこだわりの蕎麦店。どっしりとしたコシと、芳しい蕎麦の香りが、薬味の塩、ごま、ねぎなどで風味を多彩に変える様を存分に楽しめる。

住 徳島県美馬市脇町大字北庄685-1
電 0883-52-0466
時 11時〜※蕎麦がなくなり次第終了
休 不定休

「そうそう！　その放送がすごく嬉しかったみたいで、放送の後にマツコ・デラックスさんの絵を飾っていたんですよ。僕じゃないんかい！と思ったけど（笑）。でも職人さんってそういうところが愛らしいですよね」

――ここはメニューは十割蕎麦だけなんですか？

「そう！　でも山かけ蕎麦とか、にしん蕎麦はあったかな。**食べていると独特の食感**があって、なぜかと思ったら、茹でた後にコツがあったみたい」

――どんなコツですか？

「**麺の食感って、水で変わる**んです。寒い地域って、蕎麦を氷水ではなく、すでに冷たくなっている水道水で締めているんだけど、ここでもそれをやっていたんですよ。氷水で締めると、キンキンに冷えているからグッとしまるんだけど、ここは水道水だからこそ、本当に**ナチュラルな食感**だった。そこに〝俺にしか打てないぜ〟といわしめるこだわりを感じたよね」

――薬味は何があるんですか？

「ここはゴマと大根おろしが付いてるけど、僕はわさびだけでいい。**ちゃんと蕎麦粉を味わえる**のがこのお店。ぜひ食べてもらいたいな」

24 手打ちそば ちづる庵

全国から選び抜いた蕎麦を石臼で自家製粉する本格手打ちは、太めな粗挽きなので蕎麦の粒が見え、視覚的にも蕎麦好きを魅了する。瀟洒な内観で「ちづる庵プリン」などのサイドメニューも充実しているので女性客も多い。

住 高知県高知市帯屋町2-1-40
電 088-872-4530
時 11時30分〜15時（LO14時30分）、17時30分〜21時
休 木曜日、第1水曜日

そば

24

高知県
高知市

2017.9.3

手打ちそば ちづる庵

――ここは外観からしてオシャレですね。

「人気のお店で30分くらいは並んだかな。上品で薄味。**地元に愛されている**感じがして、すごくいいお店でした」

――お蕎麦も写真で見るだけでも上品な感じがしますね。

「そうだね。**それに入りやすい雰囲気**。人を選ばないので、好きな人は多いお店だと思いますよ。場所も行きやすいし、さっきの『まるせい』とは対照的かもしれないね」

25 そば処 古川

うどん県の繁華街にありながら、ゆったりした造りのモダンな店内で喉ごしの良い蕎麦を楽しめる。ランチ時には更科のように若干、淡い色の麺と、それよりも濃い二八の粗挽きの2種類を楽しめる「蕎麦弁当」が人気だ。

住 香川県高松市鍛冶屋町1-8なかむらビル2F
電 087-823-8123
時 11時～19時
休 月曜日（祝日の場合翌日）

そば

25

香川県
高松市
―
2017.9.5

そば処 古川

――香川県でも、うどんを食べに行かず、お蕎麦屋さんに行ったんですね。

「もちろん！　このお店はコンクリート打ちっぱなしで、**フレンチを出すかのようなオシャレな内装**なんです。お店を見渡す限り、来ているお客さんも含めてすごく洗練されていましたね」

――お蕎麦も洗練されていたんですか？

「うん。**本当にクオリティの高い上品な十割蕎麦**がでてきて、その雰囲気も相まって、やられました」

――ここでもせいろを頼んだんですか？

「うん。だって、海苔がかかっていたら口の中が〝海～っ〟になっちゃうからね！」

26 ありま（閉店）

閑静な住宅街で平日のランチのみ、売り切れ次第終了という営業でありながら、多くの蕎麦好きを集めた優良店。平打ちの十割麺は香り豊かでコシが強い、蕎麦の旨味を凝縮した味だった。２０１７年秋に惜しまれながら閉店した。

そば

26

岡山県
岡山市

2017.9.6

ありま（閉店）

——このお店はすでに閉店されてしまったんですね。

「**すごい残念！** でも、行った時にもう閉めますというインフォメーションはしていたから仕方ないですよね…。ここもすごくしゃれていて、丁寧に蕎麦粉をどこから仕入れているかちゃんと書いてあったんですよ。味もちゃんと十割だった。存続者がいなかったのかな…」

——このお店は平日の月曜日から木曜日だけしかやっていなかったんですね。

「そこもいいよね。さらに**個室の和室で食べるお店だったから、特別感もあってすごく好きだった**のになぁ」

27 為楽庵

繁華街の北西部、閑静な住宅地に位置するミシュラン星獲得店。更科粉を使った素麺のような「さらしなごのみ」と、甘皮とともに挽いた灰緑色の二八、洗練された両方の麺を食べ比べる常連も多いとか。

住 広島県広島市東区牛田中2-2-22
電 082-227-6798
時 11時30分~14時、18時~20時
休 火曜日、水曜日

そば
27
広島県
広島市
2017.9.8

為《い》楽《らく》庵《あん》

—ここはお蕎麦の写真はないんですね。

「撮影はできなかったんです。だからこそ、みなさんにはこの店に**直接行って** **そのお蕎麦を見てほしい！** でも、ちょっと中心部から離れている静かな場所にあるんですよ。住宅街にあって」

—ここ、ミシュラン星獲得店なんですね！

「そうなの!? それは間違いないわ！ うまいもん！」

—ここは更科蕎麦なんですね。更科蕎麦でそこまで池森さんが興奮するのは珍しいですね。

「なんかね、もともと**更科蕎麦って上品なイメージがあるけど、それをちゃんと体現した感じ**なんです。22席しかない小さなお店だけど、味は本当にいいからぜひ食べてほしいな！」

28 蕎麦 YAOKI

コシの強い十割の手打ち「もり蕎麦」は、わさびとねぎ、大根おろしなどベーシックな薬味と共に、季節によってカットされた柑橘が供される。柑橘の爽やかな風味が蕎麦本来の香りと甘みを引き立てる技ありの一皿。

住 山口県山口市中央4-8-1
電 090-4570-4085
時 11時~14時、17時~19時※蕎麦がなくなり次第終了
休 不定休

そば 28

山口県
山口市

2017.9.9

蕎麦 YAOKI

「ゆず蕎麦って食べたことある!?」

――あ、あります!

「美味しいよね!? でもね、ここは**せいろを頼んだら横に柚子が切っておいてある**んです。蕎麦にかけて食べるんだけど、これが本当にうまかった〜!」

――ゆず蕎麦というメニューがあるわけではなく?

「うん。せいろを頼んだらサービスでゆずがついてくるんです。季節によって異なるらしいんだけど、すごく美味しくて**3枚くらいペロッと食べちゃった!**」

――柑橘系が好きなんですね。

「そうかも! すだちも最高だしね。ゆずもいいね!」

――食べ合わせがすごく良さそうですよね。

「そうなんですよ! しかも、すごくフレンドリーな店主で、話していてもおも

しろかったな」

——どんなことを話したんですか？

「う〜ん…。**覚えてない！（キッパリ）**」

そば

29

長崎県
東彼杵郡

2017.9.11

元祖 天空房 山水

29 元祖 天空房 山水

大村湾を望む国道沿いの山間に位置する。地元産の蕎麦粉と地下水を使った十割蕎麦は吸い付くような弾力を保ちながらも、清涼な喉越しも両立させている。天ぷらや鴨など、素材にこだわった地産メニューも揃う。

住 長崎県東彼杵郡川棚町新谷郷1077-1
電 0956-82-4840
時 11時〜17時
休 木曜日

——ここは地図で見ると、なかなか奥地にありますね。

「ハウステンボスをさらに越えたところにあるんですが、**行くまでも楽しいから遠足気分が味わえていいかもしれない**ですね。古民家のような店だから、知らない人はちょっと迷っちゃうかも」

——そんななか見つけたお店で食べるお蕎麦はさらに美味しそうですね。

「うん。すごく美味しかった！　**圧倒される太い蕎麦**で、噛み応えもすごくあるんですよ」

——この葉を使った盛り付けもまたオリジナリティに溢れていますね。

「ビ、ビジュアルがすごいね！　でも、**僕はビジュアルがどうのよりも、蕎麦が美味しいかどうか**だから！」

――でもこのビジュアルは素通りが出来なくないですか⁉

「…たしかに。…ニラ？」

――いや、ニラではない気がします…。

「葉っぱ…？」

そば 30

福岡県
福岡市

2017.9.12

十割そば 素屋《もとや》 石丸本店

「ここでは、大阪で初めて食べて**衝撃的だったすだち蕎麦があった**ので、即決していただきました。でも、大阪で食べたもののようにたくさんすだちがのっているわけではなくて、**横に置いてあるすだちをそのままどさっと搾ってく**ださいというセルフスタイルでした」

――それもまた美味しそうですね。

30 十割そば 素屋 石丸本店

素材を大切にする願いが込められた店名が示すように、厳選された蕎麦粉を使用。丁寧に挽いた十割麺は締まりのある弾力を持ちつつ、しなやかな食感を有している。落ち着きのある店構えも愛される理由。

住 福岡県福岡市西区石丸2-42-15
電 092-892-8078
時 11時～16時（LO15時30分）、17時30分～21時30分（LO21時）
休 なし

「うん！ **見た目が洋風**で、パスタのような盛り方をしているのもいいんですよ。メニューも豊富。こういう十割のお店ってすごく珍しいんですよね。

――蕎麦スティックもあるんですね！」

「そう！ 蕎麦粉が高いからいい値段するよ！ でも、それなのに**十割のざる蕎麦が650円で食べられちゃうんだからすごい**。ここはたしか、ライヴ会場のすぐそばにあったんですよ」

――47都道府県ツアーの会場って、お蕎麦屋さんの近くにある会場を選んでいるんですか？

「そんなわけないでしょ！（笑） おもしろいからそれでもいいけどね！ なんなら蕎麦屋でやっちゃえばいいじゃんね！ インストアライヴ（蕎麦屋）って面白そう！」

――斬新…！

31 十割そば 谷岡

全国から取り寄せた香りの良い蕎麦を挽き、細めの蕎麦切りで仕上げる十割蕎麦。平日のランチは数量限定のメニューがあり、特に人気を集めている。舌触りの良い蕎麦湯も含めて強い個性で蕎麦食いを魅了する。

住 大分県大分市庄の原二組の3
電 097-573-6251
時 11時～14時30分、17時～20時（土日祝日のみ）
休 月曜日

そば

31

大分県
大分市

2017.9.14

十割そば 谷岡

「このお店は、蕎麦のコース料理が食べられるんです。予約をしたほうがいいみたいなんだけど。僕は最初に行った時にそれを知らなかったら、その**コースを食べていたご夫婦がすごく羨ましくて！**」

――話しかけましたか？

「それはできなかったな…。大将にちゃんと聞いたわけじゃないけど、きっと裏メニューに近いと思うんですよ…」

――そのコースは釧路の竹老園で出していたような、蕎麦の創作料理なんですか？

「いや、それともまた違って、ぶっかけや、そば団子のようなものが入っているんですよ。次はちゃんと確認してあのコースが食べたいですね…！」

――地図で見ると、これもまたちょっと奥地にありますね。

「そうなのよ。お店自体が山の上にあるから、お店を発見するまで〝ここでいいのかな〃って迷うんだけど、思い切って奥地にあると思いながら進んでもらえたら、このお店が目に飛び込んでくると思います。**お店が見つかるまでは、諦めないで進んでほしい！**」

—ちゃんと地図を見ながら行きましょうね…？

「それは大事！」

そば

32

佐賀県
唐津市

2017.9.15

玄武庵

—このお店では珍しく温かいかけ蕎麦を食べていますね。

「ここは十割ではないので、それなら出汁のきいたお蕎麦を食べたいと思い、かけ蕎麦を食べたんです」

—いかがでしたか？

「美味しかった！　落ち着いた店内だったので、ゆっくり食べたいときにはオススメです…でも正直、**十割じゃなかったから他より記憶が薄め**かも…」

32 玄武庵

唐津城下の本格手打ち蕎麦店。コシと喉越しに優れた二八と、香味の強い土日限定メニューの十割。それぞれの個性を際立たせたメニューが並ぶ。地酒と、それに合う肴も揃っておりつい長居したくなる古き良き酒場とも分類できる。

住 佐賀県唐津市北城内1-3
電 0955-74-2827
時 11時～19時
休 木曜日

――素直すぎますから！　でも、美味しかったんですよね？

「もちろん！　それは覚えています！」

そば

33

熊本県
熊本市

2017.9.17

そば処　いま村

「このお店は、**蕎麦粉の産地をきちんと表示してくれる**から、すごく安心。熊本県のお店なんだけど、福井の越前おろし蕎麦を出していたので、選びました」

――おろしの量は、やはりガッツリ多めなんですか？

「そうですね。あまり辛くはなかったと思います。基本的にどこのお蕎麦も、地域の好みに合わせて出しているんだと思うんですよ。それと、**僕は基本的にぶっかけ蕎麦が好き**なんですよね」

――そうなんですね。さらに、出汁もすごく透明感がありますよね。

「そう！　**名古屋くらいからだんだんそばつゆが透明になっていく**んです。きっと、醤油が少なくなるんだと思うんですよ。それに蕎麦は**全部つゆまで飲**

33 そば処いま村

出雲蕎麦とつけ蕎麦の専門店。鶏や鴨、おろし、山かけ、磯おろしなどの豊富なメニューを楽しめる。麺は粒立ちの〝黒星そば〟と呼ばれる平打ちで、昆布ベースにウルメイワシなどを加えたつゆがよくからむ。

住 熊本県熊本市中央区船場町3-9
電 096-322-7829
時 11時30分～16時（月曜日のみ～14時30分）※蕎麦がなくなり次第終了
休 不定休

34 **蕎麦ゆかわ**（閉店）

道産の蕎麦粉をはじめ、利尻昆布と地産のシイタケなどで出汁をとるなど、全ての素材へのこだわりを持った匠の店だったが、19年に惜しまれながら閉店した。

んだとしても500kcalいかないですからね。それなのに、**栄養価が高く、消化もよくて食物繊維もある**という素晴らしい食べ物なんですよ。もうね、すごいんだから！　蕎麦粉パワーは!!」

――勢いがすごい…。

「いや、ほんと蕎麦粉ってすごいんだから！　蕎麦はすごいよ！」

――わ、わかりましたから！　次のお店に行きましょう！

そば

34

宮崎県
宮崎市

2017.9.18

蕎麦ゆかわ（閉店）

「残念ながら閉店してしまったんですが、まず門構えが素敵だったんですよ」

――古民家のようですね。

「そう！　老夫婦がやっていらして、雰囲気がものすごくいいんです。信州で修業をしてきたという大将と、その奥さんがおふたりでやっていたんですが、**本当に蕎麦を愛していることがわかる**」

35 あき葉

若干、白みがかった更科を思わせる麺は、一口目に感じる張りを失わない瑞々しさが特徴的だ。市役所や鹿児島港からアクセスが良いため、ボリュームのあるランチを求め腹を空かせたぼっけもんが行列を作ることも。

住 鹿児島県鹿児島市易居町5－28
電 090－3077－2556
時 11時30分～15時
休 月曜日、金曜日

――その気持ちが伝わってくると、さらにお蕎麦も美味しく感じますよね。

「そうなんですよね。すごく丁寧な接客だし、**お膳も美しい**んです。九州っていうと、こてこてのとんこつラーメンを思い出すと思うんだけど、ここは真逆。**本当にお上品で美しいお蕎麦が楽しめる**から、心も洗われると思いますよ」

そば 35

鹿児島県
鹿児島市
―
2017.9.20

あき葉《ば》

「ここは十割ではないんだよな。でもアクセスがいいのもあるし、行って見ると人気の理由がわかるね」

――そうなんですね。口コミを見ると、たしかに人気店のようですね。

「僕がお店に行った時もサラリーマンの人がいっぱいいた！　**街中にあるわけではないのに、これだけいるのはやはり理由がある**って思いましたね。スタンダードな美味しさかな。日常使いには、こういうお店がいいな」

36 十割そば 山楽

香りに定評のある北海道産の蕎麦粉「カムイ」をはるばる取り寄せ、店内で製麺する十割蕎麦。二八のような滑らかな舌触りの麺ながら、噛みしめると強い香りが追ってくる。独自の蕎麦文化を形成した沖縄では珍しい日本蕎麦店でもある。

住 沖縄県那覇市牧志3-6-34
電 098-987-6033
時 11時30分~15時30分（LO15時）、17時~21時30分（LO21時）
休 なし

そば

36

沖縄県
那覇市

2017.9.23

十割そば 山楽

——沖縄でもソーキそばではなく、十割蕎麦を食べたんですね。

「ほんと**わざわざ沖縄まで行っているのにね(笑)**」

——このお店はどうやって見つけたんですか?

「ここは知人の紹介で行きました。店内にジャズが流れていそうな、しゃれたお店で、すごく洗練されてたよ」

——梅肉と大根おろしのお蕎麦が美味しそうですね。

「あ! それは食べなかったなぁ! でも絶対に美味しいね。ここのお蕎麦は、**つなぎがとってもきれいで、二八蕎麦のような感じ**だった。つるっとして、キレイだったな」

——お客さんは地元の人が多いんですか?

「いや、観光客が多かったと思う。**十割蕎麦を食べたくて、わざわざここに行く観光客もたくさんいると思う**よ。それくらいステキなお店でしたね」

ミニ
コラム

コンサートツアーの物販で
蕎麦グッズを作ってしまった話

池森秀一が、テレビ番組の「マツコの知らない世界」で「信州田舎そば小諸七兵衛」を紹介したことがきっかけで実現したのが、このセット。**「小諸七兵衛」のDEEN特別バージョン**に、こちらも**オリジナルの箸を付けたセット**で、コンサートツアーの**物販で販売。なんと早々に完売**してしまったとか。今となっては幻の逸品です。ちなみにレシピ撮影時もこの箸を使用しましたが、蕎麦を食べるにはちょうどよい形状がグッド！ 今では入手困難なアイテムではありますが、今後も、蕎麦グッズが企画される可能性高し。DEENファン、蕎麦ファンのみなさんは、コンサートの物販コーナーのチェックをお忘れなく。

＼誰でも簡単／

池森流
絶品蕎麦レシピ7

365日蕎麦を食べる男・池森秀一は、もちろん自宅で食すのも蕎麦。
スーパーの食材でも美味しい蕎麦は作れる、
をテーマに研究を重ねた自宅レシピを大公開！

おしながき

もり蕎麦
かけ蕎麦
すだち蕎麦
辛味大根蕎麦
カレー蕎麦
池森流 冷やしたぬき蕎麦
かしわ蕎麦

スーパー・ネット通販で簡単調達
手軽な食材で作る池森蕎麦レシピ

ここでは池森さんの自宅蕎麦レシピを教えてもらおうと思います。池森さんと言えば小諸七兵衛ですね！テレビ番組での紹介後、一時期スーパーから在庫がなくなってしまったという……。

「実は、最初にどんな蕎麦を食べていたのかは、全く覚えていないんです。きっと、スーパーでいろいろ乾麺を買って試していたとは思うんですが、そこまでこだわりもなく、冷凍めんも食べていたし、蕎麦なら何でもいいというくらいだったんです。そんな生活を送っていくうちに見つけたのが、小諸七兵衛でした。大好きな十割蕎麦ではないんだけど、色もわりと十割蕎麦に近いくらい黒くて、冷たいのも、温かいのも両方とも美味しいんですよ。それからはこの小諸七兵衛をとにかく買い続けています」

どれくらいストックしているんですか？

「いやいや、たかだか20本くらいですよ？」

たかだかって…。普通の人は20本も買わないですから！（笑）

「そうなのか…。僕はこのストックがないのは絶対に許せないので、定期的に買って絶対になくならないようにしています。ちゃんと戸棚に縦置きにしているから場所も取らないんですよ」

めんつゆもこだわりがあるんですよね。

「そう！　どこのスーパーでも売っているにんべんの『つゆの素』です！」

もっと取り寄せの変わったものかと思っていました。

「いやいやいや、このにんべんが無敵だから！　もちろん、いろんなめんつゆで試してみたけど、なぜかしっくりこないんですよ。そこで結局このにんべんのめんつゆに立ち返るんです。売れているのにはワケがあるんです！」

何が違うんですか？

「何が違うもなにも、もう、完璧なんです！」

違いを聞いた私がヤボでした。そうですよね、完璧なんですよね！

「そう！　あとは、このにんべんのつゆと一緒に混ぜておいしいのは、マルトモの『昆布かつおつゆ』です。以前、おいしいお蕎麦を食べたときに、お店の人に聞いたら、この『昆布かつおつゆ』を教えてくれたんです。これはAmazonで売っているので取り寄せています」

読んでいるみなさんも手軽に真似ができますね。

「それが大事！　Amazonは何でも売ってるよ！」

どんな新しいつゆと出会ったとしても、帰ってくるのはにんべんなんですね。

「そう。にんべんは、僕の実家です」

常にストック
しておくべき５材料

信州田舎そば 小諸七兵衛
（信州ほしの）

自家製粉の挽きたて蕎麦粉を使用。乾麺でありながら、太切りで香りと歯ごたえを味わえるのが特徴。モンドセレクションを３度にわたり受賞している。茹で時間は4〜5分を推奨。地域のスーパーやネット通販で手軽に購入できるのも魅力だ。

つゆの素
（にんべん）

かつお節専門店による万能調味料。本醸造特選醤油によるコクが特徴。保存料を使用していないため開栓後は冷蔵庫へ。

昆布かつおつゆ
（マルトモ）

昆布とかつお節と煮干しの旨味が凝縮。にんべんよりも関西風の味わいだ。好みによって、にんべんと混ぜ合わせる。

ネギ

地域により白ネギ、青ネギがあるが、池森流は白ネギを推奨。刻んだあとに水に数分さらすことで、味を柔らかくする。

特選本香り 生わさび
（ハウス食品）

100%本わさびを使用。香りおろし製法により、本わさびの辛さと香りを引き出している。チューブ式で使い勝手も良い。

絶品レシピ1

シンプル・イズ・ベストの定番
もり蕎麦

蕎麦の美味しさをそのまま実感できるのが、シンプル・イズ・ベストなもり蕎麦。沸騰しきったお湯でしっかりと茹で時間を守ったお蕎麦に、ネギとわさびをつけて食べれば、至福な時間が訪れます！　ちゃんと冷水で締めた麺は歯ごたえもよく、そのままでも十分美味しい仕上がりに。お好みですだちを搾るのもあり。では、いただきます！

常備したい基本の5品！

調理時間 12分

材料

- 信州田舎そば 小諸七兵衛
- つゆの素(にんべん)
- 特選本香り 生わさび(ハウス食品)
- ネギ
- すだち

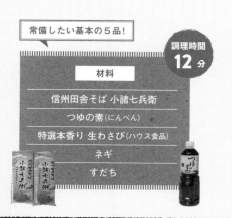

調理開始

茹で時間は4分

1 たっぷりのお湯を沸かし、ちゃんと沸騰したところで麺を入れる。袋に表記してある茹で時間は4〜5分だが4分を推奨。ここ大事です！

2 蕎麦を茹でている間につゆと薬味の準備。にんべんのつゆの素は3倍濃縮なので、水が2に対してつゆの素は1をベースにお好みで。

3 添えるネギを刻む。小口切りにしたあと水にさらし、細かく刻む。

4 小皿にネギとわさびを添える。

5 茹であがった蕎麦をざるにあけ、冷水に素早くさらす。水道水ではなく、整水を使用する。

6 氷水にそばを移し、しっかりと洗いながら麺を締める。再度ざるで水を切る

お好みの量でめしあがれ！

7 お皿に好きな量の蕎麦を盛る。つゆにたっぷりつけてめしあがれ。

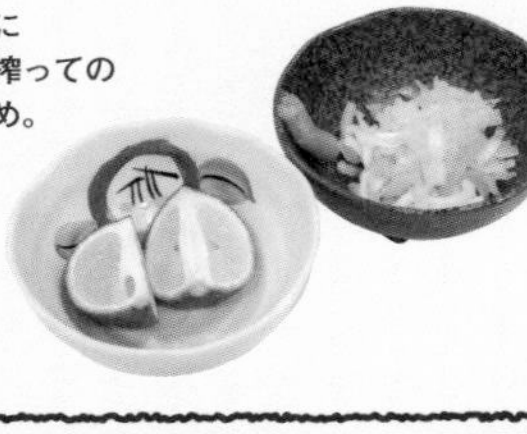

8 お好みで蕎麦に直接すだちを搾っての味変もおすすめ。

かけ蕎麦

ほっと一息つけるあったかいお蕎麦

身体も心もあったかくしてくれるかけ蕎麦。池森流のこだわりは、つゆを2種類使うこと。そうすることで、奥深い味付けに仕上がり関西風の味付けにすることもできる。さらに、最後にゆずの皮をおろして風味付けすることで、清涼感が増し、ただのかけ蕎麦とは違う上品な口当たりに。水の量をどんぶりで測るという大胆なやりかたも目から鱗！

にんべん2:マルトモ1
それが黄金比

調理時間 10分

材料

信州田舎そば 小諸七兵衛
つゆの素（にんべん）
昆布かつおつゆ（マルトモ）
ネギ
ゆず

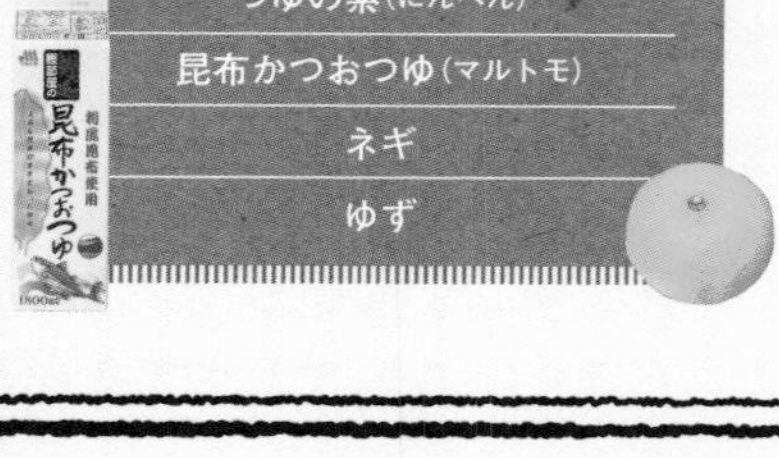

調理開始

1 かけ蕎麦もたっぷりのお湯、ちゃんと沸騰したところで投入、茹で時間は4分。

2 蕎麦を茹でている間に、人数分のどんぶりに必要な分のお水を量って入れ、別の鍋で沸騰させる。

3 どんぶり1杯の水に対して、にんべんのつゆの素をお玉で2杯分、しっかり分量通りに入れて沸かす。

にんべん2!!
マルトモ1!

4 そして、マルトモの昆布かつおつゆをお玉で1杯、入れる。にんべんのつゆの素が2で、マルトモの昆布かつおつゆ1の比率が池森流の黄金比。

5 ネギは小口切りにして水にさらしておく。

6 蕎麦が茹であがったら、ざるにうつし水にさらす。かけ蕎麦なので軽くでOK。

ゆずで風味付けを！

7 つゆに麺をいれ、ネギをのせたら、その上からゆずの皮をおろしながら、さらっと風味付けして出来上がり。

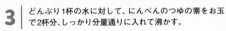

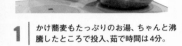

すだち蕎麦

ひと口食べれば広がるサマードリーム

初めてお店で食べたときに衝撃を受けたというすだち蕎麦。冷水で締めた冷たい麺と、さわやかなすだちの風味が夏を感じさせる。さっぱりとした仕上がりなのでどんな時も食べやすく、あっという間に2人前くらい食べてしまうはず。一度食べたら、夏の定番メニューになること間違いなし！

スーパーですだちを見つけたら即購入！

調理時間 15分

材料

信州田舎そば 小諸七兵衛
つゆの素（にんべん）
すだち

調理開始

1

いつものように
たっぷりのお湯、
ちゃんと沸騰した
ところで投入、茹で
時間は4分！

2

すだちを2mm～3mmの等間隔の輪
切りで切る。お好みで種を取る。

3

蕎麦が茹であがったらざるにあけ、冷水にさらす。
冷たいお蕎麦なので、その後氷水につけて締める。

4

どんぶりに1人前の蕎麦を盛る。

5

どんぶりに麺を入れたら、その上に輪切り
にしたすだちを並べるようにのせる。

できたら
上から
ぶっかける

6

にんべんのつゆの素と水を、もり蕎麦のつゆを作る要
領で2:1で割る。量は蕎麦ちょこ8分目くらいがちょ
うどよい。上からかけたら出来上がり。すだちは搾る
必要なし。

絶品レシピ4

腹が立つくらい辛いのが美味

辛味大根蕎麦

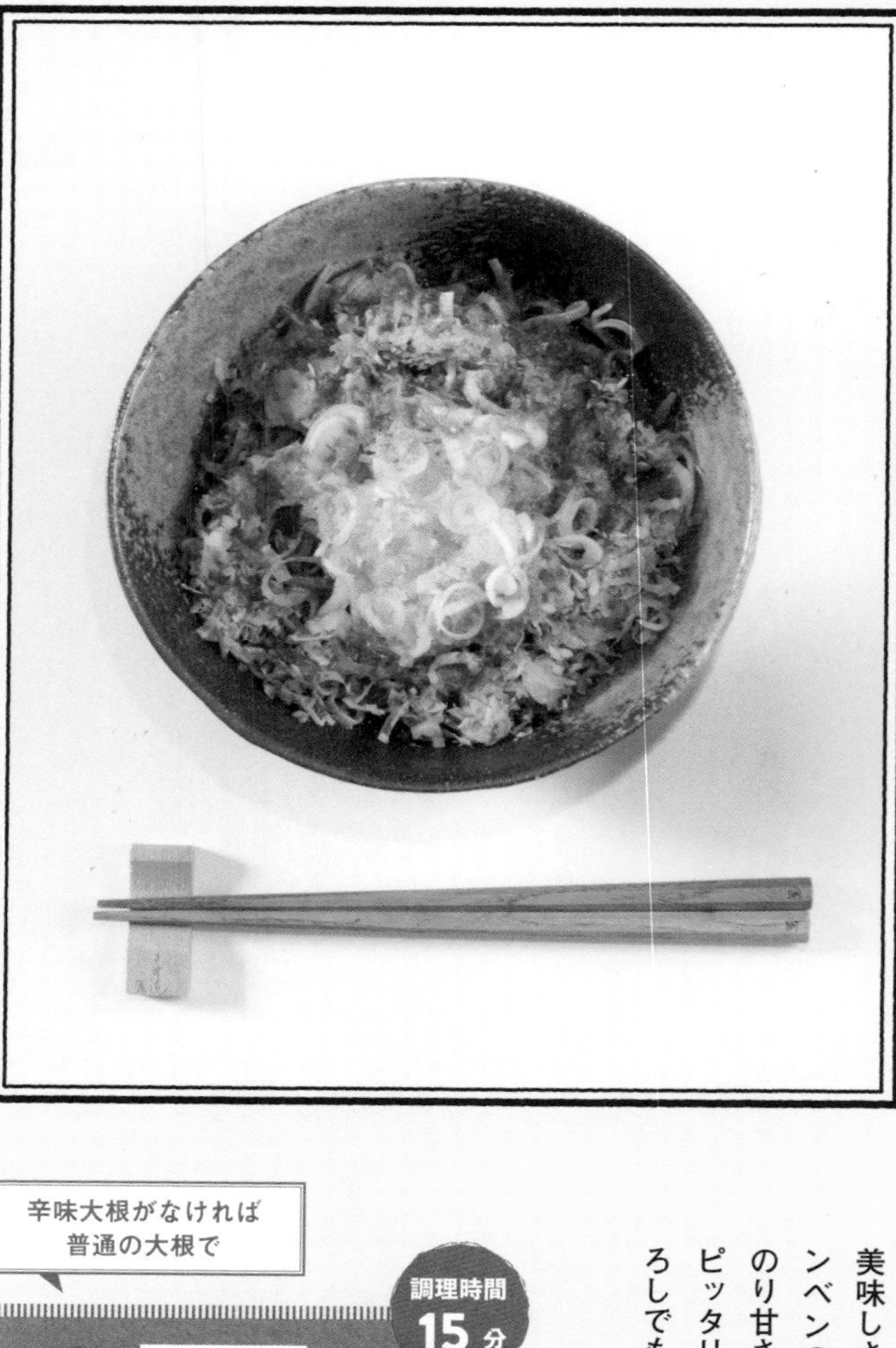

腹が立つほど辛さを主張する辛味大根がポイント。さらに、その上から刻みネギ、そして仕上げにはパックのかつお節を1袋そのままかけちゃう大胆さが美味しさの秘密。辛味大根と、ニンベンのつゆの素から作るほんのり甘さを感じるつゆとの相性はピッタリ！もちろん普通の大根おろしでも代用可。

辛味大根がなければ
普通の大根で

調理時間
15分

材料

- 信州田舎そば 小諸七兵衛
- つゆの素(にんべん)
- 辛味大根
- ネギ
- かつお節

調理開始

1　たっぷりのお湯、ちゃんと沸騰したところで投入、茹で時間は4分！

2　大根はピーラーで皮を剥き、大根おろしを作る。ぜひたっぷりと！ネギも細かく刻み、水にさらしておく。

3　にんべんのつゆの素と水を、そばちょこぐらいの量で2：1で割る。

4　麺が茹であがったら冷水にさらし、しっかりと締める。冷たいお蕎麦なので、その後氷水に。

5　どんぶりに蕎麦を移し、麺が埋まるほどの大根おろしとネギを大胆に盛る。

一袋
まるごと
かけるべし！

6　さらにネギが見えなくなるほど、パックのかつお節を一袋全部がけ！加減という言葉はこの蕎麦には必要なし。思いきり大根おろしとネギの上に、かつお節をかけるべし！

7　その上から、好みの濃さに調整したつゆをかけてできあがり！

カレー蕎麦

ボンカレーで蕎麦屋の味を再現

見大変そうに見えるカレー蕎麦。でもボンカレーを使えばとっても簡単に作れます。和風つゆに片栗粉でちょっとしたとろみを加えればあっという間にプロの味！　お好みで薬味を加えて美味しくどうぞ。自分でカレーを作る際は、豚肉だけで作ると、シンプルで美味しいカレー蕎麦ができますよ。

昨晩のカレーの残りを使うのもおすすめ

調理時間 15分

材料

- 信州田舎そば 小諸七兵衛
- つゆの素（にんべん）
- 昆布かつおつゆ（マルトモ）
- ボンカレー（大塚食品）
- 片栗粉

調理開始

1 ボンカレーでも美味しい！手作りカレーのときは豚肉がおすすめ。

2 鍋を2つ用意。ひとつはカレーのつゆを作る用で、もうひとつは麺を茹でる用。蕎麦は、たっぷりのお湯、ちゃんと沸騰したところで投入、茹で時間は4分!で調理開始。

3 もうひとつの鍋でつゆを作るため、人数分のどんぶり1杯の水に対して、にんべんのつゆの素と、マルトモのこんぶかつおつゆを1：1の比率で入れて沸かす。少し薄めに作るのがポイント。

4 ボンカレーをつゆに投入。

5 片栗粉に水を少々入れて混ぜ、とろみをつけるためにつゆに投入。

6 茹であがった蕎麦をざるにあけ、軽く水洗いしたあとにどんぶりに入れる。

7 蕎麦の上から大胆にカレーのつゆを投入！和風だしが効いた本格カレー蕎麦の出来上がり！

8 小口切りにしたネギを好きなだけかけて完成！

絶品レシピ6

ポイントはサクサクの天かす

池森流 冷やしたぬき蕎麦

暑い日に食べたくなるという冷やしたぬき蕎麦。池森流は、とっても具だくさん！こだわりは、揚げ玉ではなく、天かすを使用しているところ。よりサクサクと、食感も味わえ、さらにカイワレ大根の清涼感とともに美味しくいただくことができます！夏バテの時でも食べられる、クセになる逸品。

天かすは、できれば蕎麦屋で調達！

調理時間 15分

材料

- 信州田舎そば 小諸七兵衛
- つゆの素（にんべん）
- カイワレ大根
- 天かす
- 三つ葉

調理開始

1 いつものようにたっぷりのお湯、ちゃんと沸騰したところで投入、茹で時間は4分！

2 湯で時間で、薬味となるカイワレ大根の根元を切り、水にさらしておく。

3 アクセントとなる三つ葉をちょうどいい大きさに切る。こちらも水にさらしておく。

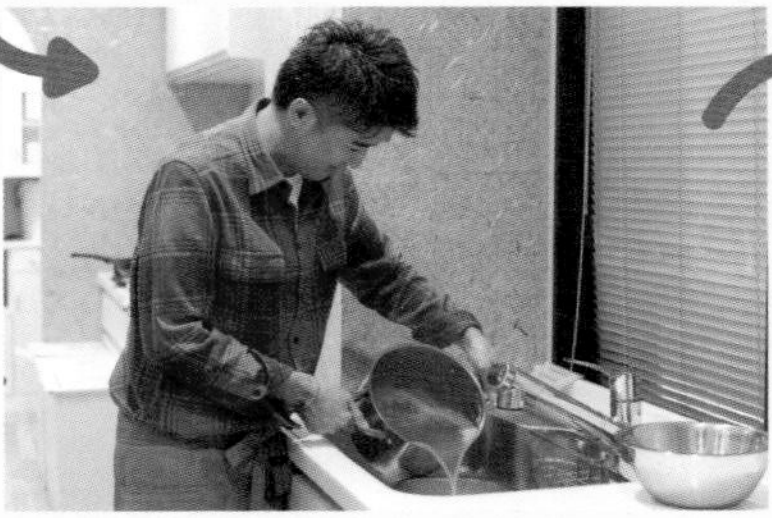

4 茹であがった蕎麦をざるにあけ、冷水にさらす。氷水につけて締める。

5 三つ葉を添える。

6 カイワレ大根を好きなだけ添える。

7 仕上げに天かすをのせる。

8 にんべんのつゆの素に水を入れて好きな味に仕上げ、その後、蕎麦にかけて出来上がり。

かしわ蕎麦

鶏肉を加えるだけでまるで料亭の味！

北海道では定番になっているかしわ蕎麦。鶏肉のだしが効いたつゆの味が、蕎麦を豪華に彩ってくれます。途中で柚子胡椒を入れればいいアクセントとなり、味変が大成功。一皿で二度おいしい、心から温まるかしわ蕎麦の出来上がり！

鶏肉はもも肉で！

調理時間 15分

材料

信州田舎そば 小諸七兵衛
つゆの素（にんべん）
昆布かつおつゆ（マルトモ）
鶏もも肉
ネギ
柚子こしょう（ハウス食品）

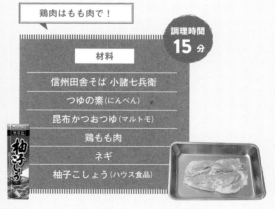

調理開始

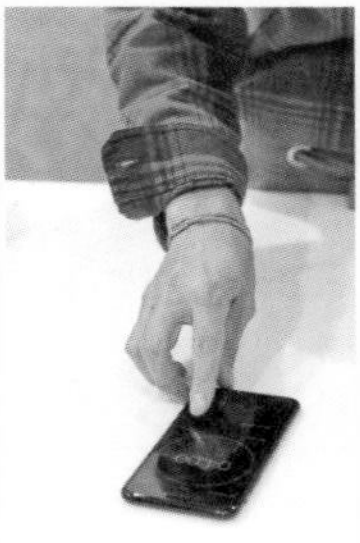

1 蕎麦を茹でるときは、たっぷりのお湯、ちゃんと沸騰したところで投入、茹で時間は4分厳守！

2 人数分のどんぶりに水を入れて鍋に入れ、沸かす。にんべんのつゆの素と、マルトモの昆布かつおつゆを2:1の比率で入れる。

3 鶏もも肉をひと口大に切る。

4 切った鶏もも肉をつゆに入れる。一人前で2〜3切れほど。鶏肉の色が変わるくらいまで茹でる。

5 茹であがった蕎麦をざるにあけ、冷水にさらす。鶏が入っているつゆにそのまま蕎麦を投入する。蕎麦が温まるまで茹でる。

6 ネギは細切りがおすすめ。

7 お好みで柚子胡椒を添えて出来上がり。

40
2018.8.10
北海道釧路市
城山東家
41
2018.8.12
北海道釧路市
玉川庵
42
2018.8.18
東京都港区
室町 砂場 赤坂店
43

東京都港区
麻布永坂 更科本店
44
2018.12.4
東京都港区
蕎麦きり みよた
39

神奈川県鎌倉市
茶織菴

“目指せ全県制覇”

蕎麦巡りの旅

その他行脚 編

蕎麦巡りの旅はまだまだ続く
ここでは普段使いから思い出の店まで
全国各地の名店たちを紹介！

37
2018.7.22
長野県北佐久間郡
きこり

38
2018.7.23
長野県北佐久郡
信州そば処
やまへい 軽井沢店

45
2019.1.7
愛知県名古屋市
（店名非公開）

47
2019.8.10
愛知県名古屋市
松寿庵

48
2019.10.17
福岡県福岡市
蕎麦 木曽路

49
2019.10.18
佐賀県鳥栖市
梅の花

46
2019.8.3
大阪府大阪市
まき埜

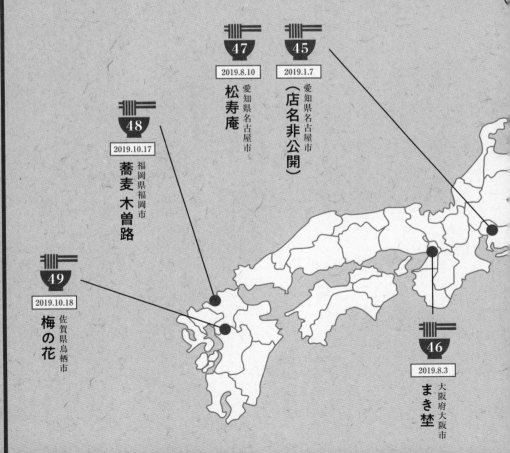

そば

37
長野県
北佐久間郡
―
2018.7.22

きこり

「ツアーで軽井沢に行くたびに、このお店に行っちゃうんですよねぇ」

――それはみなさんとですか？

「**みなさんの意見は無視**です」

――無視なんだ（笑）。

「美味しいから！　連れていきたいんですよ！　でも、もう**47都道府県ツアーは3回やっているから3回もここに行っている**んです。周りももう何も言わなくなりました」

――だと思いますよ…（笑）。

「このお店で修業をして、のれん分けをされているお店がたくさんあるんですよ。というのも、このお店の**割りばしの袋の裏に、このお店を卒業していった職人の名前が全部書いてある**んです。それって、すごくステキな話ですよね？」

37 きこり

軽井沢、御代田、小諸など浅間山麓の地産の蕎麦の実を使用した二八の「田舎そば」は、流麗な細身の麺と快い食感を持ちつつ、蕎麦の実の持つ野趣も損なわない当地ならではの一皿に仕上がっている。

住 長野県北佐久郡軽井沢町大字追分119-7
電 0267-45-1330
時 11時～15時、17時～20時
休 火曜日

―なんか泣けてきますね…。

「でしょ!? お弟子さんがたくさんいるというだけでなく、その人たちをちゃんと応援しているから、こういうことができると思うんですよね。**軽井沢は水が冷たい**から、絶妙な麺で、すごく美味しいんです。あと、ボーナスとして、帰り際にレジに行って、蕎麦団子があったらあたり!」

―あたり!?

「そう! 蕎麦粉と小麦が混ざっていて、なかにあんこが入っている**蕎麦団子はすごく美味しい**んですよ。揚げドーナッツのような感じで、蕎麦を食べた後の甘いものを食べたくなった口と心にすごく合うんですよ。ただ、ない時もある!」

―だから〝あたり〟なんですね。

「うん。しかも、**蕎麦湯もどろどろ**で、更科蕎麦もあります。僕は、**十割蕎麦を浴びるほど食べたいと常日頃思っている**から、十割があったらそっちを選ぶんだけどね」

―浴びるほど…十割を…。

「そう！　毎日食べても飽きない！　このお店はあまりにも美味しくて、**ご主人に〝ワインを持ってきていいですか？〟って聞いた**からね」

――あはは。

「お店にワインのメニューもあったから、多分ご主人もワイン好きなんですよ。そしたら、〝もちろん！〟と言ってくれただけでなく、持ち込み料も取らない！　なので、その日の夜にワインを持っていきました」

――どうでしたか？

「それは、自分が好みのワインを持っていったから、すごく楽しみだったんですよ。でもね…」

――でも？

「ランチで食べたあのときめきがなくなっちゃって…。やっぱりワインがあるとワインがメインになっちゃうよね…」

――あらあらあら。

「本当にあらあらですよ…。やっぱり、僕は**ノンアルコールで蕎麦と本気で向き合うのが一番いい**ってことに気づきました」

38 信州そば処 やまへい 軽井沢店

アウトレットモール内にある信州の郷土料理店。地元の名峰・浅間山麓、八ヶ岳山麓産にこだわった玄蕎麦を店内にて石臼挽きするなど〝3たて〟を遵守した麺を、かつおと昆布ベースの無化調だしでいただく。

住 長野県北佐久郡軽井沢町軽井沢・プリンスショッピングプラザ「ニューウエスト」内
電 0267-41-3131
時 11時～21時（LO20時30分）
休 なし

そば
38
長野県 北佐久郡
―
2018.7.23

信州そば処 やまへい 軽井沢店

「ショッピングモールに入っている、**いわゆる〝信州蕎麦〟を楽しめる**のが、このお店です」

――アウトレットの近くですか？

「そうそう！ 軽井沢に行くと、好きなブランドもあるし、買い物に行くついでに寄ったんです。そしたらすごく美味しくて。立ち寄りやすいのが魅力ですし、やっぱり信州蕎麦は間違いないよね」

そば
39
神奈川県 鎌倉市

茶《さ》織《おり》庵《あん》

「ここはガッツリとした十割蕎麦で、蕎麦湯もどろんどろん！」

――濃いんですね。

39 茶織庵

鶴岡八幡宮脇にあるDEENファンの聖地としても名高い、茶室を併設した静謐な蕎麦店。麺は滑らかな二八ながら、噛むほどに香味が花開く奥深い味。「ポタージュのよう」と形容される濃厚な蕎麦湯も人気だ。

住 神奈川県鎌倉市雪ノ下3-1-30
電 0467-73-8873
時 11時30分~18時（LO16時）※蕎麦がなくなり次第終了
休 月曜日（祝日の場合は翌日）

「すごく濃い！　実は一緒に行った友達がすだち蕎麦を頼んだんだけど、それを見て、〝アー！〟って思ったんですよ」

――あぁ、反射でせいろを頼んじゃったんですね。

「…そう。お店に入った瞬間に、**もう〝せいろ大！〟って言っちゃうから**、他にいいメニューがあることに後から気づくことが多いんですよね」

――まさかの自分のクセがアダになってるとは…！

「お店に入った時に一度我慢すればいいんだけどね。どうしても〝せいろ大！〟って言っちゃうから」

――そのクセ直すの、2020年の目標にしましょう…。ここは『マツコの知らない世界』で紹介されていましたよね。

「うん。その時に、僕がDEENだってことを知ったらしくて、**「あなた、DEENだったの!?」って言われちゃった（笑）**。それからこのお店がものすごい行列になったらしくて、僕にお礼をしたいって言ってきたんだけど、〝それは違うな〟と思って丁重にお断りしました（笑）」

――あの番組以降、鎌倉の名店になったんですね。

「きっかけがそれだっただけで、本当に美味しいからね。今は混雑でなかなか行かなくなっちゃったけど、落ち着いたらまた行きたいな」

そば

40

北海道
釧路市

2018.8.10

城山東家《しろやまあずまや》

「**北海道って、この東屋ののれん分けのお店がすごく多い**んですよ。調べたら無数にあると思う！　僕はその釧路の**〝かしわ蕎麦〟が大好き**なんですよ」

——これは十割ではないんですね。

「更科蕎麦ですね。もしかしたら、釧路で更科って、ここだけかも！」

——かしわ蕎麦って、要するに鶏蕎麦ですよね？

「そう、そう！　でも、**北海道では鶏蕎麦のことをかしわ蕎麦っていう**んですよ。さらに面白いのが、〝かしわ抜き〟っていうのがあるの！」

——それは、ただのかけ蕎麦のことでは…。

「そう思うでしょ!?　でも違うんですよ。麺がなくて鶏がスープに入っている

40 城山東家

そばの激戦区・北海道でも釧路は「竹老園」に代表するクロレラを使った緑色の麺が多いが、その系譜を継ぎながらも白い更科麺を提供する。北海道産の地粉にこだわった細打ち麺は、ほのかな甘みと喉ごしの良さが特徴だ。

住 北海道釧路市城山1-5-8
電 0154-41-5360
時 11時～16時（土日祝日は～18時／平日夜の営業は2名から要予約の蕎麦料理コースのみ）
休 火曜日

のがかしわ抜きなんです」

――意味が分からないんですけど…。

「あはは！　〃抜き〃は東京の蕎麦屋さんにもある文化なんですよ。混乱しますよね。でも、それがすっごく美味しい！　**出汁の効いた濃い醤油のスープに、ちゃんと歯ごたえのあるかしわ肉と、白髪ねぎがたくさん入っていて、**一味を入れて食べると、すっごく美味しいんですよ！」

――それは美味しそう…！　絶対美味しい！

「でしょ⁉　酒好きな人にはたまらないつまみになると思うよ。北海道の人も、『かしわ抜きって東京の人は知らないの⁉』ってなるぐらいポピュラー！　ぜひ食べにいってみて！」

――はい！

そば

41

北海道
釧路市

2018.8.12

玉川庵

「ここは**牡蠣蕎麦が有名**です」

――北海道の牡蠣！　美味しそうですね～。

「めちゃくちゃ、むちゃくちゃ美味しいよ！　さらに**牡蠣蕎麦のボリュームがすごい**んです！　釧路だから、牡蠣がバンバン取れるんですよ。とにかくガッツリ！　それだけでおなかがいっぱいになるくらい入っているんですよ」

――夢だ…。

「**(手を広げて)こんなに大きいんだからね！**　4つも入っている！」

――わかりました、わかりましたって！

「いや、本当にでかいんだから！」

――うんうん。大きいですね。値段も高そうですね…。

「でも、1400円ぐらいなんですよ。**これだけの大きな牡蠣4個が入っている蕎麦を1400円で食べられるのはすごい**よね」

41 **玉川庵**

看板メニューの厚岸産の牡蠣を使った「かきそば」は、朴訥で力強い手打ち蕎麦の香味と牡蠣のエキスが渾然一体となり、深遠な出汁を産む逸品だ。鰊《にしん》番屋をイメージした店内には囲炉裏などもあり、趣と旅情にも溢れている。

住 北海道釧路市鳥取大通5-7-17
電 0154-51-4628
時 11時～15時30分、16時30分～19時
休 第2・4月曜日（第1・3月曜日は昼のみ営業）

そば

42

東京都
港区

2018.8.18

室町 砂場 赤坂店

——ここは、デビュー当時に池森さんが事務所の社長さんに連れていってもらったお店ですよね。

「うん。当時の僕は**とにかく衝撃を受けました**ね。だって、蕎麦を頼んだら、**小さな箱にちょろっとしかのってないわけ！**」

——あはは。高級蕎麦屋さんだ。

「そもそも、この〝砂場〟というのは、すごく有名な老舗なんですよ。でも、こんな小さな蕎麦で、**東京の蕎麦事情は一体どうなってるんだ!?**ってカルチャーショックを受けましたね」

——量が少ないですからね。

「いくら何でも少なすぎるんですよ。だからこそ、みんな2枚も3枚も食べるんです。僕は当時2枚食べたんですが、これがまた、びっくりするくらい美味しかったんです。このお店は夜に使う人もすごく多くて、**お酒のあてが美味し**

42 室町 砂場 赤坂店

1964（昭和39）年創業の江戸前蕎麦の老舗のひとつ。艶やかな「ざる」は粒子の細かい更科粉、「もり」で使われる黒味がかった麺は一番粉で、それぞれ手打ちしている。日本橋の店舗は「天ざる」と「天もり」発祥の店としても名高い。

住 東京都港区赤坂6-3-5
電 03-3583-7670
時 11時～20時（LO19時30分／土曜日は19時）
休 日曜日、祝日

いらしいんですよ。それを食べて、最後に蕎麦をちょっと食べるような感じらしくて」

――大人なお店ですね。

「僕が初めて〝**これが東京か！**〟って思ったお店です！」

そば

43

東京都
港区

麻布永坂 更科本店

43 麻布永坂 更科本店

更科の御三家が掲げる伝統のメニュー「御前そば」の白みがかった麺は、滑らかな舌触りを持ちながら、喉に運ぶとコシと蕎麦の実の風味が追ってくる出色の味わいだ。平日のランチには「そば膳」などの限定メニューも。

住 東京都港区麻布十番1-2-7
電 03-3584-9410
時 11時～22時（LO21時30分）
休 月曜日

――珍しく東京のお店が続きますね。お店は決まっているんですか？

「意外と東京のレパートリーは少ないんだけど、よく行くのは赤坂にある『砂場』と、麻布十番にある『麻布永坂　更科本店』。この麻布永坂は、その裏にレコーディングスタジオがあったんです。**デビュー当時は本当によく行きました。**食べた肉蕎麦が1600円くらいだったんですが、ものすごく美味しくてびっくりしました」

――上京間もない青年には値段もびっくりですね。

「**売れた後に食べるお蕎麦って、こんなにステップアップするんだ**って思った（笑）」

――（笑）

「それまで250円の駅蕎麦を食べていたからこそものすごく感動しちゃって…。これは〝**僕は勝った！**〟と思いましたね（笑）。この前、『マツコの知らない世界』の収録で久々に食べられたのは嬉しかったですね。**思い出の味です**」

――これは十割蕎麦ではなく、更科なんですね。

「そうなんです。のちに更科という、そばの実のより内部にある、胚乳の中心部の粉を使った白い麺のお蕎麦を知りました。ワインで例えると、赤ワインが十割で、白ワインが更科ってところかな」

そば

44

東京都
港区

2018.12.4

蕎麦きり みよた

「このお店は青山通り沿いにあって、**ものすごく美味しくておしゃれなのに、駅蕎麦の値段と同じくらい安い**んですよ！」

——それは嬉しい！

「**財布に優しいのは嬉しい**ですよね。さらに、スープを入れるときに、鰹節がたくさんのったざるを通して入れるから、出汁が効いていて美味しいんですよ！。そこに麺を入れて食べるんだけど、**本当にその値段でいいのって聞きたいくらい！**　天ぷらもカリカリらしいんですよ」

——…らしい？

「ほら、蕎麦しか食べないから！」

——そうだった（笑）。

「しかも、作り方や調味料の入れ物、どんぶりや箸など、銀座の蕎麦屋さんのような高級さがあるんですよ」

44 蕎麦きり みよた

青山通りに面した全席カウンターで、ランチは行列必至の人気店。玄蕎麦を殻ごと挽いた「挽きぐるみ」を使用した「板せいろ」は460円とコストパフォーマンスも高く、蕎麦は庶民の食べ物と改めて教えてくれる。

住 東京都港区南青山3-12 紅谷ビル1F
電 03-5411-8741
時 10時～22時（日祝日は～20時）
休 なし

45（店名非公開）
昼、夜ともに予約必須で、そばの注文の前に、飲み物と食事一品のオーダーが必要だが、絶品料理のあとに味わう香り高いそばが贅沢な時間を演出する。

――こだわりがしっかりと伝わってくるんですね。

「さらに、**おつゆがめっちゃうまい！**　ここではかけ蕎麦しか頼んだことがないんだけど、全部飲みたくなっちゃうんですよ。東京にいるなら一度は行ったほうがいい！　ただ、昼はものすごく並んでいるから、**コアタイムを外していくのがおススメ**ですよ」

そば

45
愛知県
名古屋市
―
2019.1.7

（店名非公開）

「このお店は食べログで十割蕎麦を調べたら、すごく上位だったんですよ！」

――それは一度食べないとダメですね。

「ですよね!?　名古屋の住宅街にあるお店で、予約制なんです。お店に入った瞬間、**厨房が見えるんですが、ピッカピカなんですよ**。これを観た瞬間〝絶対美味しいやつだ！〟と興奮しましたからね。案の定、そのお店の大将は、もともと日本料理屋さんで修業をされている方だったんです。なので**蕎麦以外のお**

つまみもすごく美味しいんですよ。このお店に連れていってくれた人がたくさんサイドメニューを頼んだんですが、これが本当に美味しくてビックリ！　なかでもローストビーフが実に美味しかった！　すかさず帰りに〝**今度ワイン持ってきていいですか？**〟って聞いたからね」

――でた、池森名言！「ワイン持っていっていいですか？」

「これはもうパターンだから（笑）。基本蕎麦以外が美味しかったら夜にワイン持参で行きたいんだけど、まだこのお店は実現できていないなぁ。とはいえ、次に行った時に結局またお蕎麦を頼んじゃって、サイドメニューは頼まないんだけどね」

――頼まないんだ！（笑）。ここの蕎麦は何がそんなによかったんです？

「うーん、風味かなあ。**セレブを感じた（笑）**」

――セ、セレブ？

「箱もいい。だって木箱だよ、木箱。普通はザルじゃないですか。なのに**木箱できたからWAO！**と。軽井沢の『きこり』もそうなんだけど」

――ここは蕎麦以外のメニューも美味しそうですね。ワイン持っていきたくなるのも確かにわかりますね……。

「懐石ともまた違う、他にないタイプの店ですね」

――池森さんはお店でのリアクション激しそうですね。

「オレはうるさいよ。**〝UMA!〟とかめっちゃ言ってる（笑）**。美味しいときは、本当にしつこいぐらい」

――逆のときは……。

「怖いぐらい静か（笑）」

そば

46

大阪府 大阪市

2019.8.3

まき埜の

「ここは**猛暑の中、並んで食べたん**ですよ。すっごく並んで大変で汗びっちょびちょだったんだけど、それを跳ね返すくらいの**クオリティの高いお蕎麦**で感動しましたね」

――ここは中心地から少し離れたところにあるんですね。

46 まき埜

梅田駅の北側にひっそり佇む割烹のような外観のミシュラン掲載店。十割と二八を食べ比べできる「二種盛り」が人気だが、すべてのメニューは130円の追加料金で十割蕎麦に変更可能だ。

住 大阪府大阪市福島区福島6-11-13 シャトー西梅田

電 06-6453-2828

時 11時30分～14時（LO13時45分／土日祝は14時）、18時～21時30分（LO21時）※蕎麦がなくなり次第終了

休 水曜日

47 松寿庵

十割を追求した「生粉《きこ》打ち」や香りとコシを重視した「太打ち」に加え、喉ごしの良い「さらしな」の3種の麺が常時いただけるほか、春はよもぎ切り、冬は柚子切りなど季節に応じた変わり蕎麦も楽しめる。

住 愛知県名古屋市千種区豊年町4-13 中京レンガビル1F
電 052-722-0212
時 11時～15時、17時～20時30分（日祝日は～20時／第2・4水曜は昼のみの営業）
休 木曜日

「それなのに、あれだけ人が集まって並んでいるっていうことは、すごい美味しいとみんな知ってるからだと思いますよ。ただ大盛りがなくて、十割蕎麦を2枚頼んで、ちょっとお値段がかさんだのを覚えてる」

――あはは。でも大事なところですからね！

そば
47
愛知県
名古屋市
2019.8.10

松寿庵《しょうじゅあん》

「ここは**小エビの天ぷらが有名らしくて、ひとりで20個くらい食べる人がいるら**しいんですよ」

――それは食べたんですか？

「食べてない！」

――蕎麦以外食べないという意志が強い……！

「だって、ここの十割はすごいこだわっているんですよ！　**細い麺と、太い麺**があって、ここは凝っているなって思いましたね。美味しさにこだわっている

48 蕎麦 木曽路

長崎や宮崎や鹿児島など九州だけではなく、長野や埼玉から仕入れた玄蕎麦を石臼で低速で手挽きし、粒の加減までこだわった十割蕎麦。蕎麦粉の舌触りを残しつつ、歯ごたえや喉越しは心地よい上品な麺が味わえる。

住 福岡県福岡市中央区荒戸1-10-13
電 092-712-8253
時 11時〜15時（LO14時30分）、17時30分〜21時30分（LO21時）※蕎麦がなくなり次第終了
休 日曜日

からこそ、こういった麺になるんですからね」

——老舗の店なんですね。

「そう！　名古屋に来たら、ここで十割を食べてもらいたいですね」

そば

48

福岡県
福岡市

—

2019.10.17

蕎麦 木曽路

「テレビ番組の『ZIP！』の収録をこのお店ですることになり、十割蕎麦を食べさせてもらったんです。そこで〝利き蕎麦〟をさせてもらったんですが、自分で『間違えるわけない！』とハードルを上げるだけ上げて見事外したんですよ（笑）！」

——あ〜。

「本当に〝あ〜！〟って感じ！　でも**バラエティ番組的には100点**でした！」

——シンガーとして目指す点が間違ってる…（笑）。ちなみに、蕎麦の味はいかがでしたか？

「ここは地産地消というか、福岡の地元の蕎麦粉を使ったお蕎麦を出していたんで

49 **梅の花**

名門ゴルフ場の中にあるレストラン。蕎麦は九州名物のはったい粉、小麦粉、食塩を使い天日で干した乾麺「はったい麺」を使っている。独特の甘みと香ばしさが感じられる喉越し爽快な一杯だ。

住 佐賀県鳥栖市村田町986
電 0942-81-3193
時 8時～17時
休 毎月最終月曜日

す。**すごく福岡愛を感じました**ね。お店の人たちの雰囲気もすごく良くて、収録の後にみんなで写真を撮ったりしてすごく楽しみました！ あとは、このお店の入り口の正面の、のれんの前で撮った写真がすごく好きなんですよ」

――この〝そば〟と書いてあるのれんですね。

「そう！ LINEのアイコンにしたいくらいいい！」

――すぐに池森さんだってわかりやすそう！

「でしょ!? 外観もおしゃれで、美味しくてすごく素敵なお店でした」

そば
49
佐賀県
鳥栖市
2019.10.18

梅の花

――ここはブリヂストンカントリー倶楽部の中にあるんですね。

「はい。あとは、ここは**蕎麦に見えるけど、蕎麦じゃない**、〝はったい麺〟なの」

――はったい？

「見た目はお蕎麦なんだけど、はったい粉で作った麺だからまったくの別物なの。

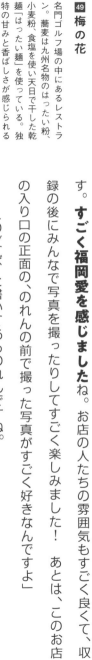

味は冷麺っぽい感じで、ちょっとぷくっとしてるんだよね。初めて食べたんだけど、すごくおもしろい感触だったよ」

——今回はちょっと変わり種ですね。付け合わせは青ネギですね。

「うん。やっぱり、**西に行けばいくほど付け合わせが青ネギになる**んだよ。意識してみてみると違うからおもしろいよ」

池森秀一
蕎麦打ちの現場に潜入

“持ってる男”池森秀一はついに出会ってしまいました。
取材も終盤も終盤、九州で蕎麦打ちの現場に潜入。
「蕎麦の神」の手ほどきで池森流蕎麦道は新たな次元に!

「僕、九州で**蕎麦の神にお会いしました**」

――急にどうしました⁉

「このお店の大将が、サービスで**厨房まで入れてくれたんで**すよ」

――おお！

「そこで、**蕎麦粉を食べさせてくれた**んです。北海道と秋田の蕎麦粉をブレンドしたものだったんだけど、舐めたらナッツの味がするんですよ！　とんがりコーンの無添加の味のような感じもしていて！」

――ちょっとわかりづらいですね…。

「いや、本当にその味なんです！　秋田の蕎麦粉は瞬間的に香りがバッと出てくるのに、鼻にすーっと抜けていくんです。これをつなぎにして、2割か3割入れて、あとは北海道の蕎麦粉を混ぜるんですよ。するとふたつの強度が違うから、どうしても湯がくと切れやすいんだとか」

――なるほど！

「匂いはゴマのいい香りなんです！」

――それをリアルに感じられるのは、すごくいい機会でしたね。

「本当に素晴らしかった！　でもそこで、大将が、〝十割でお客さんを呼んでいるから、そこそこの味があればい

50 十割蕎麦 里味庵《さとみあん》

オリジナル蕎麦粉「里味の香り」を石臼で手挽きし、目の粗いふるいにかけた十割蕎麦。「穀物としての蕎麦を存分に味わってほしい」という店主の願いどおり、荒々しいまでに香り高い蕎麦が楽しめる。

住 佐賀県唐津市七山白木414-1 電 0955-58-2261
時 10時～17時 休 火曜日

いの〟って言っていてビックリしたの！　でもだからこそ変な蕎麦は出せないって断言していて、愛を感じたな」

――食べてみていかがでしたか？

「めっちゃ美味しかった！**〝これはなんなんだ、すっごい美味しいんだけど！〟って連呼**していましたからね（笑）。しかも麺の太さもちょっと太めで、それも美味しい太さなんだって言っていて」

――そうなんですね。

「そうみたいなんですよ。大将が〝今はのどごしが重点的になっているから、1.3ミリにしている。だから、**細麺が出てきたら味よりも喉越しを重視した麺**だなって思えばいい〟って言っていて、すごく感心しましたね」

――こだわりを貫き通すお店だったんですね。

「うん。太麺だったら味や香りに自信のあるお店で、細麺なら、つゆで食べさせるお店だって思えばいいって言っていて。でも最後に、人間より美味しい蕎麦を打つ機械が出てきて困るって言ってたのは可愛かったな（笑）」

GO

いよいよ蕎麦打ちの現場へ！

え？
入っていいんですか？

蕎麦切りはこうして出来上がる

北海道、秋田って書いてある
主人「白っていってでんぷんのところをはずしたとこ。それと混ぜて細麺にするのがこれ。食べていいですよ、これ」

え、まんま？

主人「食べたことないと思う」

うま！
とうもろこしみたい。
主人「ナッツとかね」
ナッツやとうもろこし。
うま！
なにこれ！
主人「これがほんとの蕎麦粉の味なの」

主人「北海道産は噛めばか噛むほど香りが出てくる、秋田は瞬間的に香りがバッと出てくる」

池森「これすごい好き」

主人「北海道産につなぎとして秋田産を使う。北海道をベースとして、つなぎとして秋田産を２割か３割」

池森「つなぎも全部蕎麦粉だから、完全な十割蕎麦ではあるわけですね」

主人「蕎麦粉は最後にふるいにかけるんだけど、目の大きさの単位をメッシュといって、北海道産は 15、秋田産は 50 にしてる。北海道産の 15 は目が大きいから、小さい粉もあるし荒い粉もあって強度が違うから、打ったときはつながってるんだけど、湯がいたときに切れるの。だからつなぎとして別の蕎麦粉も使うようにしているわけ」

池森「なるほど。すばらしい」

次はいよいよ蕎麦打ちを見学!!

蕎麦打ち開始!!

匂いかいでみて

池森「あ、めっちゃいい香りです。ごまみたいな……めっちゃいい香り」

主人「これは製粉の仕方でこの香りが変わるのよね」

主人「はい、これで水が全部入ったから」

池森「そんなもんでいいんですか？」

主人「あとはまとめていく」

池森「10 分ぐらいですごいですね」

主人「挽きたてってよくいうけど、それは誤解があるかもしれない。なぜかっていうと、挽くときに摩擦熱が全部かかります。それを普通の環境に戻すのに３日かかります。挽きたてっていうのは、昔の手回しの石臼のことをいってるから。これは手回しですけど、江戸時代のようなことをしているのは少ないでしょうね」

蕎麦粉ってけっこう持つもんなんですか?

体重かけて。写真は近くで撮って

すごい。どんどん丸が大きくなってく

これでおわりました。
この厚さが一番いい厚さ

池森「めっちゃ腹減ってきた（笑）」

最後はまとめて……。

主人「うちは太めで切ります。今は喉ごしが重点的になってきてるから細麺が多いよね。全国どこでも蕎麦を食べにいったときに、太麺だったらここは蕎麦自体の味や香りに自信あるなと思ってもらっていいと思う」

3人前でいい？ちょっと大盛りで

池森「え、すぐ食べられるんですか？はい、お願いします！いやー、なんか本が締まった気がします。ありがとうございます！」

ということで、

打ちたての蕎麦をいただきました！

おしまい

おわりに

――いよいよあとがきですよ。これまでの蕎麦ライフを振り返ってみていかがでした？

「おもしろかった～！　最初はどんな内容になるのか全く想像できなったけど、取材したり、こうやってやりとりを書いてもらうと、自分がその時にそのお店に感じていたことがちゃんと文字にすることができて、すごくおもしろかったよ」

――本にすることで蕎麦に対する接し方は変わりましたか？

「変わったね。あとは、『マツコの知らない世界』に出演させてもらってから、自分の蕎麦に対するモチベーションも変わった気がする。前はただ『うまい！』と思っていただけだったけど、今は〝このお店のこだわりは何だろう〟と考えるようになりました。〝蕎麦好きの人だ〟っていわれることも増えて、自分は〝蕎麦の人〟だということをちょっと自覚したのかも（笑）」

――ただの〝ボーカリスト〟でなく〝蕎麦の人〟でもあると。

「そう！　だって、本を出版させていただく以上、責任を持って〝蕎麦の人〟にならなくちゃ！　でも、お店の人に〝蕎麦通の池森が来た！〟というプレッシャーは与えたくないなって思う。……でも、この本を読んで、僕が行っても緊張するようなことはないか！　そんな本じゃない！（笑）」

――「そうですね」とは言いづらいですけど、そうですね（笑）。

「そうそう！」

――今回、約50軒が掲載されているんですが、それ以外にも100軒近くは行かれていますよね。

「もう少しで100軒なのかな。ファンのみんなも俺が蕎麦好きなのを知っているから、コンサートで『47都道府県中、40都道府県の蕎麦屋さんには行きました』って言うと、『わぁ！』って歓声が上がるんだよ。でも、冷静に後から考えると、DEENのコンサートに来て、なんでそこで盛り上がるのかなって思うんだけど（笑）。せっかくだからあと7県は制覇したいな。まだまだ、そば道は長いね！」

――ここまで蕎麦にしっかり触れることで、より思った蕎麦の魅力はどんなところでしょうか。

「やっぱり、蕎麦は、うまい！　マジで！」

――語彙力が少ない！（笑）

「あはは！」

――今回、お話聞いてて思ったんですけど、お蕎麦って、ご年配の方から小さな子まで年齢問わず好きな食べ物ですよね。みんなのすぐそばにあるものというか…。

「いま、すぐ〝そば〟にあるって言ったでしょ⁉ そばにいるから？」

――え…！（狙っていないオヤジギャグ的な…）

「そうそう！ すぐ〝そば〟にいる蕎麦の、いい振り返りの本になりました！（笑）」

――そこはうまいこと言わなくていいですから！ 今後も全国のお蕎麦屋さん巡りをしていくんですよね。

「もちろん、当然！ これからも十割蕎麦にこだわっていきたいですね。取材期間終わってももちろん回っていて、この前も山形や釜石で蕎麦屋に行きました」

――今後の蕎麦に対しての目標はありますか？

「僕、蕎麦屋のチェーン展開でもしようかな…」

――え！ 自分はお店に行くのが一番って言っていましたよね⁉ 最後に、そんなちゃぶ台を返すような…。

「いや、実は釧路の蕎麦屋さんに一度、名前を付けさせてもらったことがあるんですよ。〝笑音〟と書いて〝ショウオン〟という名前で、僕が書いた筆字がそのまま看板になっているんだけど、いつかオーナーになったらその〝音〟シリーズで出したいなって思うんだよね。〝喜音《キオン》〟とか、〝和音《ワオン》〟とかね。のれん分けしたらいくらでもできそうじゃない⁉」

――もしチェーン店を出すとしたら、何蕎麦にするんですか？

「そりゃぁ、小諸七兵衛だよ。この本に書いてあるレシピを出す！」

――あれだけ十割って言ってたのに、そこは市販の乾麺をつかうんですね…⁉

「そう！　ワンコインで安く美味しく食べられるのが一番だからね！　在庫が無くなったらスーパーに他の乾麺もあるし！」

――ええ⁉　最後の最後に、また池森流そば道がわからなくなってきました…。

「〝麦音《ムオン》〟とかもどう⁉　あとは…」

（延々と語りだす…）

蕎麦用語集

【石臼挽《いしうすび》き】

石臼を使って蕎麦の実を製粉することを指す。現在は機械を使ったロール製粉が主流だが、昔ながらの石臼挽きにこだわる店舗も多い。製粉時に発生する熱は蕎麦粉の香りを落とすため、石臼挽きで製粉された蕎麦粉は、より風味を味わえるとされる。当然ながら効率は機械を使ったロール製粉のほうが良い。


【田舎蕎麦《いなかそば》】

黒っぽく太い蕎麦を総称して、田舎蕎麦と呼ぶことが多い。殻を付けたまま製粉するため、色が黒く、独特の野性味ある食感となる。細く白い更科蕎麦とは対照的な蕎麦である。


【越前蕎麦《えちぜんそば》】

福井県の郷土蕎麦を指す。大根おろしを使った、おろし蕎麦が有名。地方によってはからみ蕎麦とも呼ばれる。


【江戸蕎麦御三家《えどそばごさんけ》】

江戸時代から続く、砂場《すなば》、藪《やぶ》、更科《さらしな》の三のれんを指す。それぞれ特色があり、現在も店舗を構えている。


【釜揚げ蕎麦《かまあそば》】

出雲地方に伝わる郷土食のひとつ。茹で上がった蕎麦を蕎麦湯とともに器に盛り、そこに冷たく濃い味わいのつゆをかけて、好みで味を整える。


【辛味大根《からみだいこん》】

大根の品種のひとつで、小ぶりながら非常に強い辛味を持っているのが特徴。江戸時代から蕎麦の薬味として好まれ、特に北陸、信州がよく知られる。近年では各地で昔ながらの辛味大根の生産が再び盛んになっているとのこと。池森秀一の好物である。


【乾麺《かんめん》】

生麺を乾燥させた麺。日持ちし常温での保存も可能なことから、家庭で蕎麦を食べる際に好まれる。池森秀一が愛用する「小諸七兵衛」も乾麺である。

【玄蕎麦《げんそば》】

殻がついたままの蕎麦の実。

【更科蕎麦《さらしなそば》】

更科粉で打った蕎麦。色が白く舌触りがいいのが特徴。更科粉は、蕎麦の実の芯の、でんぷん質だけでできている部分のみを挽いた粉のこと。一番粉のことを指すことも多いが、厳密には製法が異なる。

【皿蕎麦《さらそば》】

出石《いずし》蕎麦とも呼ばれる兵庫県の名物。江戸時代に信州から入封した仙石政明が、この地に蕎麦を伝えたといわれている。出石焼きの小皿に蕎麦を盛り食べる。５皿で一人前。大根おろしやとろろ、生卵などで、皿ごとに味付けを変えて楽しめるのが特徴。

【ざる蕎麦《そば》】

もともとは竹ざるに盛っていたことからこの名が付いた。水分を切ることができることから、現在も冷たいお蕎麦の代名詞である。江戸時代に伊勢屋で誕生したと言われる。海苔をかけるようになったのは明治時代以降。

【十割蕎麦《じゅうわりそば》】

つなぎを使わず蕎麦粉だけで作った蕎麦のこと。生《き》そば、生粉《きこう》打ちとも呼ばれる。蕎麦は粘りのある成分が少ないため、小麦粉などをつなぎとして混ぜることが多いが、十割蕎麦は蕎麦粉のみで作られる。技術的にも高度といわれる。

【信州蕎麦《しんしゅうそば》】

信州は古くから蕎麦の名産地として記録されてきた土地。蕎麦に適した気候であるため、各地で良質の蕎麦が穫れた。小麦も貴重な食材であったため、蕎麦粉のみで打つ、十割蕎麦が主流なのも特徴である。

【せいろ】

もりそばの別名。器の「せいろ」からそう呼ばれるようになった。江戸時代に蕎麦を湯通しせずにせいろで蒸した蒸し蕎麦切りが流行、その名残といわれている。また、こちらも江戸時代の話だが、幕府に値上げを申請したところ値上げの許可はでなかったものの、せいろを上げ底にすることは許可されたことが、現在の姿につながっているという。池森秀一の蕎麦屋での口癖は「せいろ大」である。

【蕎麦掻き《そばがき》】

蕎麦粉を水か、またはお湯で練り上げたもの。味噌か醤油で味付けすることが多い。原始的な食べ方で、日本各地でさまざまな呼び名がある。海外でも蕎麦が穫れる地方では食されていることが多い。

【蕎麦《そば》切《き》り】

包丁で切った麺状の蕎麦を、蕎麦掻きなどに対し、蕎麦切りと呼ぶ。現在は蕎麦というと、一般的に蕎麦切りを指すことがほとんどである。

【蕎麦粉《そばこ》】

ソバの実を挽いた粉。粉砕、製粉、ふるい分けの仕方で、一番粉（更科粉）、二番粉、三番粉、挽きぐるみなど、さまざまな蕎麦粉が得られる。

【蕎麦《そば》つゆ】

もり汁、かけ汁と、蕎麦とは切っても切れないのが蕎麦つゆ。蕎麦との組み合わせがお店の個性ともいえる。かつては味噌をベースとしていたが、江戸時代に醤油をベースとした現在の蕎麦つゆの下地が出来上がった。関東、関西の文化の違いはよくいわれるところであり、関東では濃口醤油を使った濃厚な味が好まれるのに対し、関西では淡口醤油を用いることが多いといわれている。

【蕎麦湯《そばゆ》】

蕎麦を茹でた湯。蕎麦を食べたあとに、蕎麦つゆに混ぜて飲むことが多い。蕎麦粉の多い十割蕎麦は、当然濃度が濃くとろみが強くなる。蕎麦のタンパク質は水に溶けやすいため、蕎麦湯には栄養素が多く含まれている。蕎麦湯の文化は、江戸時代に信州から関東地方に広まったと言われている。

【つなぎ】

蕎麦を打つ際に、蕎麦が切れないように混ぜる蕎麦粉以外のもの。蕎麦粉は粘り気が少ないため、つなぎを使用することが多い。つなぎに使うのは小麦が主流だが、卵黄や山芋を使用することもある。蕎麦粉のみの場合は十割蕎麦。蕎麦粉8割、つなぎに小麦2割使った場合は二八蕎麦などという呼び方をする。

【二八蕎麦《にはちそば》】

主に、蕎麦粉8割、つなぎの小麦を2割の配合で作られた蕎麦を指す。価格、地名など、その解釈には諸説あるが、現在は配合率を指すことが多い。かつては安価な蕎麦の代名詞だったが、二八蕎麦は食感がなめらかでのど越しい良いことから、愛好者は多い。

【ぬき】

種ものの蕎麦を抜いたもののこと。天ぷら蕎麦から蕎麦を抜いて、つゆと天ぷらだけにしたものは天ぬきとなる。主に酒の肴として注文されることが多い。


【挽《ひ》きぐるみ】

蕎麦の実の殻だけを取り除き、甘皮まで一緒に挽いた粉のことを指す。甘皮も含んでいるため色が黒っぽくなり、おもに田舎蕎麦に用いられる。栄養価は高い。かつては玄蕎麦の殻を付けたまま挽き、それをふるいにかけて殻を取り除く製粉を指すことも多かった。完全に殻を取り除くことはできないが、粉の色が黒みを帯び、独特の食感となる。


【へぎ蕎麦《そば》】

主に新潟地方で食される。食台として使用する木を剥いだ板〝へぎ〟がその名の由来で、3～4人前を盛り付けて囲んで食べるのが一般的。蕎麦も独特で、つなぎに布海苔《ふのり》という海藻を使っている。


【細打《ほそう》ち】

蕎麦を打つ際に、太さを細くして打つ打ち方のこと。更科蕎麦は細打ちで打たれることが多い。通常の太さの場合は中打ちと呼ばれる。


【もり蕎麦《そば》】

現在は海苔なしのもり蕎麦、海苔ありのざる蕎麦で使い分けられることが多い。もともとは、蕎麦切りを器に盛り付けたことから付いた名前と言われ、ざる蕎麦が誕生したのは、その後のこと。「海～っ」の風味を嫌う池森秀一は、当然もり蕎麦一択である。


【薬味《やくみ》】

刻みネギ、わさび、大根おろし、七味唐辛子が定番の薬味。本書籍にもあるように、近年はさまざまな店舗がさまざまな薬味を提案し、蕎麦に新たな彩りを加えている。


【割子蕎麦《わりごそば》】

出雲蕎麦を代表する蕎麦。異なった薬味が盛られた丸型の容器3枚で一人前。食べ方に特徴があり、一番上の容器につゆを好みでかけ、食べ終わったら、つゆをそのまま下の段の蕎麦にかけていく。薬味が次々と混ざり合い異なった味わいが楽しめる。

目指せ全県制覇 全国蕎麦巡りの旅 蕎麦屋INDEX

まわった全国の蕎麦屋さんを、本編に掲載できなかったお店も含めて一挙掲載！
（スペースの都合で掲載できなかったお店舗もあります。ごめんなさい！）

県	番号	店名	住所	電話	営業時間／定休日	掲載ページ
北海道	40	城山東家	北海道釧路市 城山 1-5-8	0154-41-5360	11時～16時（土日祝日は～18時） ※平日夜の営業は2名から要予約の蕎麦料理コースのみ 定休日／火曜日	P 93
北海道	41	玉川庵	北海道釧路市 鳥取大通 5-7-17	0154-51-4628	11時～15時30分、16時30分～19時 （第1･3月曜日は昼のみ営業） 定休日／第2第4月曜日	P 95
北海道	09	竹老園 東家総本店	北海道釧路市 柏木町 3-19	0154-41-6291	11時～18時 定休日／火曜日	P 32
青森	01	手打そば 因	青森県青森市 新町 2-6-21	017-722-2507	11時30分～15時（LO14時30分）、 18時～21時（LO20時30分／土曜のみLO21時） 定休日／なし	P 11
岩手	08	千曲そば	岩手県北上市 中野町 3-2-21	0197-64-5854	11時～20時 定休日／火曜日	P 31
宮城	03	鹿落堂	宮城県仙台市 太白区向山 1-1-1	022-395-8074	11時～17時（蕎麦のLOは14時30分） 定休日／金曜日	P 15
秋田	ミニコラム	手打蕎麦 かとう 秋田市内にある落ち着いた趣の日本蕎麦店。二八蕎麦と十割蕎麦を選べるほか、その両方を味わえる二色盛りも。香り、食感ともに豊かな蕎麦を濃いめのつゆでいただく。昼は丼がつくお得なセットもあり。	秋田県秋田市 中通 3-4-60	018-835-8690	11時～14時、17時～21時 定休日／木曜日	P 13
秋田	02	そばー	秋田県秋田市 中通 2-6-1 西武秋田店 B1F	018-831-4511	11時～21時（LO20時30分） 定休日／なし	P 14
福島	07	蕎麦切り あなざわ	福島県郡山市 静町 37-13	024-954-6363	11時～LO14時30分 定休日／火曜日（祝日の場合は翌日）	P 30
栃木	05	玄蕎麦 河童	栃木県日光市 瀬尾 44-7	0288-25-8111	11時～15時 ※蕎麦がなくなり次第終了 定休日／木曜日、第1第3第5水曜日	P 27
茨城	06	花みずき	茨城県日立市 水木町 1-429	0294-53-1883	11時30分～14時30分、 17時30分～21時（夜の営業は要予約） 定休日／月曜日（祝日の場合は翌日）	P 28
東京	43	麻布永坂 更科本店	東京都港区 麻布十番 1-2-7	03-3584-9410	11時～22時（LO21時30分） 定休日／月曜日	P 97
東京	44	蕎麦きり みよた	東京都港区 南青山 3-12 紅谷ビル 1F	03-5411-8741	10時～22時（日祝日は～20時） 定休日／なし	P 99
東京	42	室町 砂場 赤坂店	東京都港区 赤坂 6-3-5	03-3583-7670	11時～20時 （LO19時30分／土曜日は19時） 定休日／日曜日、祝日	P 96

県	番号	店名	住所	電話	営業時間／定休日	掲載ページ
神奈川	39	茶織菴	神奈川県鎌倉市 雪ノ下 3-1-30	0467-73-8873	11時30分～18時(LO16時) ※蕎麦がなくなり次第終了 定休日／月曜日(祝日の場合は翌日)	P 91
神奈川		蕎麦・酒 青海波	奥鎌倉の浄明寺エリアに佇む隠れ家店。北海道産の蕎麦粉をブレンドした手打ちの二八は、渋味やえぐみを一切、感じさせないシンプルながら滋味に富んだ味わいを持つ。そば味噌や板わさといった日本酒に合う肴も揃う。 神奈川県鎌倉市 浄明寺 4-2-31	050-5589-8299	11時30分～14時30分(LO14時)、17時～21時(LO20時) 定休日／水曜日	
新潟		十割そば会 新潟小針店	福島県郡山に本店を置く十割そば専門店ながら、内装や価格帯はカジュアルで大人数でも一人使いでも利用しやすい。へぎそば文化の高い新潟県内にあって、貴重な更科系の店としても蕎麦好きに重宝されている。 新潟県新潟市 西区小針6丁目22-11	025-231-7080	11時～21時 定休日／なし	
新潟	04	須坂屋そば	新潟県新潟市 中央区弁天 1-4-29	025-241-7705	11時～25時(LO24時40分／日祝日はLO23時30分) 定休日／年末年始	P 26
石川	14	十割そば 越前	石川県金沢市此花町 3-2 ライブ1ビル 1F	076-232-1070	11時30分～14時30分 定休日／水曜日、木曜日	P 40
福井	16	あみだそば 遊歩庵	福井県福井市 中央 1-9-1	0776-76-3519	11時30分～14時 ※蕎麦がなくなり次第終了 定休日／不定休	P 43
福井	15	そば蔵 谷川	福井県越前市 深草 2-9-28	0778-23-5001	11時30分～14時 ※蕎麦がなくなり次第終了 定休日／月曜日、火曜日、第1・3日曜日	P 41
長野	37	きこり	長野県北佐久郡 軽井沢町大字追分 119-7	0267-45-1330	11時～15時、17時～20時 定休日／火曜日	P 88
長野	38	信州そば処 やまへい 軽井沢店	長野県北佐久郡軽井沢町 軽井沢プリンスショッピングプラザ「ニューウエスト」内	0267-41-3131	11時～21時(LO20時30分) 定休日／なし	P 91
長野	10	そば処 ものぐさ	長野県松本市 深志 3-5-23 中沢ビル 1F	0263-36-4705	11時30分～14時、17時30分～22時 定休日／月曜日	P 33
長野		まつした	十割蕎麦がスタンダードの信州エリアでは珍しい、細身で黒目の二八そば。市内奈川に伝わる、つゆを張った鍋にそばをくぐらせて食べる伝統食「とうじそば」を求めて遠方から訪れるファンも多い。 長野県松本市 中央 2-9-14	0263-33-4844	11時～15時、17時～21時30分(日祝日は昼のみ) 定休日／金曜日	

蕎麦屋INDEX

県	番号	店名	住所	電話	営業時間／定休日	掲載ページ
愛知	45	（店名非公開）				P 100
愛知	47	松寿庵	愛知県名古屋市千種区豊年町4-13 中京レンガビル1F	052-722-0212	11時～15時、17時～20時30分（日祝日は～20時／第2、第4水曜は昼のみの営業）定休日／木曜日	P 103
滋賀	13	本家鶴㐂そば	滋賀県大津市坂本4-11-40	077-578-0002	10時～17時30分（LO17時）定休日／第3金曜日（1月と6月は第3木曜日と金曜日、8月と11月は無休）、元日	P 38
京都	17	手打ち蕎麦 かね井	京都府京都市北区紫野東藤ノ森町11-1	075-441-8283	11時30分過ぎ～14時30分、17時30分～19時※蕎麦がなくなり次第終了 定休日／月曜日（祝日の場合は翌日）	P 44
大阪	12	そば處 とき	大阪市北区堂島1-3-4 谷安ビル1F	06-6348-5558	11時30分～14時、18時～26時（第2・4土曜は昼のみの営業）定休日／日祝日、第1第3第5土曜日	P 37
大阪	11	北浜 土山人	大阪府大阪市中央区伏見2-4-10	06-6202-0069	11時30分～15時（LO14時30分）、17時30分～23時（LO22時／土日祝はLO21時）定休日／月曜日	P 34
大阪	46	まき埜	大阪府大阪市福島区福島6-11-13 シャトー西梅田	06-6453-2828	11時30分～14時（LO13時45分／土日祝は14時）、18時～21時30分（LO21時）※蕎麦がなくなり次第終了 定休日／水曜日	P 102
兵庫	18	甚兵衛	兵庫県豊岡市出石町小人14-16	0796-52-2185	11時～18時頃※蕎麦がなくなり次第終了 定休日／水曜日	P 45
鳥取	19	渋や	鳥取県倉吉市東巌城町467-4	0858-23-0323	11時30分～14時、17時30分～19時 定休日／日曜日（祝日の場合は翌平日）	P 46
島根	20	出雲そば 羽根屋	島根県出雲市今市町本町549	0853-21-0058	11時～15時、17時～20時（LO19時30分）※蕎麦がなくなり次第終了 定休日／第1・3水曜日	P 48
島根	21	大社門前 いづも屋	島根県出雲市大社町杵築南775-5	0853-53-3890	10時～17時 定休日／火曜日	P 49
岡山	26	ありま（閉店）				P 56
広島	27	為楽庵	広島県広島市東区牛田中2-2-22	082-227-6798	11時30分～14時、18時～20時 定休日／火曜日、水曜日	P 57
山口	28	蕎麦YAOKI	山口県山口市中央4-8-1	090-4570-4085	11時～14時、17時～19時 ※蕎麦がなくなり次第終了 定休日／不定休	P 58
徳島	23	まるせい	徳島県美馬市脇町大字北庄685-1	0883-52-0466	11時～※蕎麦がなくなり次第終了 定休日／不定休	P 52

県	番号	店名	住所	電話	営業時間／定休日	掲載ページ
香川	25	そば処 古川	香川県高松市 鍛冶屋町 1-8 なかむらビル 2F	087-823-8123	11時～19時 定休日／月曜日（祝日の場合翌日）	P 55
愛媛	22	手打ち蕎麦 せんり	愛媛県松山市 湊町7-6-10 マリン・コミセン前ビル1F	089-932-6585	11時～15時（14時30分LO）、17時～21時（土日のみ/20時LO） 定休日／月曜日	P 50
高知	24	手打ちそば ちづる庵	高知県高知市 帯屋町 2-1-40	088-872-4530	11時30分～15時（LO14時30分）、17時30分～21時 定休日／木曜日、第1水曜日	P 54
福岡	30	十割そば 素屋 石丸本店	福岡県福岡市西区石丸 2-42-15	092-892-8078	11時～16時（LO15時30分）、17時30分～21時30分（LO21時） 定休日／なし	P 60
福岡	48	蕎麦 木曽路	福岡県福岡市 中央区荒戸 1-10-13	092-712-8253	11時～15時（LO14時30分）、 17時30分～21時30分（LO21時） ※蕎麦がなくなり次第終了 定休日／日曜日	P 104
佐賀	49	梅の花	佐賀県鳥栖市 村田町 986	0942-81-3193	8時～17時 定休日／毎月最終月曜日	P 105
佐賀	32	玄武庵	佐賀県唐津市 北城内 1-3	0955-74-2827	11時～19時 定休日／木曜日	P 63
佐賀	50	十割蕎麦 里味庵	佐賀県唐津市 七山白木 414-1	0955-58-2261	10時～17時 定休日／火曜日	P 107
長崎	29	元祖 天空房 山水	長崎県東彼杵郡 川棚町新谷郷 1077-1	0956-82-4840	11時～17時 定休日／木曜日	P 59
熊本	33	そば処 いま村	熊本県熊本市 中央区船場町 3-9	096-322-7829	11時30分～16時（月曜日のみ～14時30分）※蕎麦がなくなり次第終了 定休日／不定休	P 64
大分	31	十割そば 谷岡	大分県大分市 庄の原二組の 3	097-573-6251	11時～14時30分、 17時～20時（土日祝日のみ） 定休日／月曜日	P 62
宮崎	34	蕎麦ゆかわ （閉店）				P 65
鹿児島	35	あき葉	鹿児島県鹿児島市 易居町 5-28	090-3077-2556	11時30分～15時 定休日／月曜日、金曜日	P 66
沖縄	36	十割そば 山楽	沖縄県那覇市 牧志 3-6-34	098-987-6033	11時30分～15時30分（LO15時）、17時～21時30分（LO21時） 定休日／なし	P 67

全国蕎麦巡りMAP

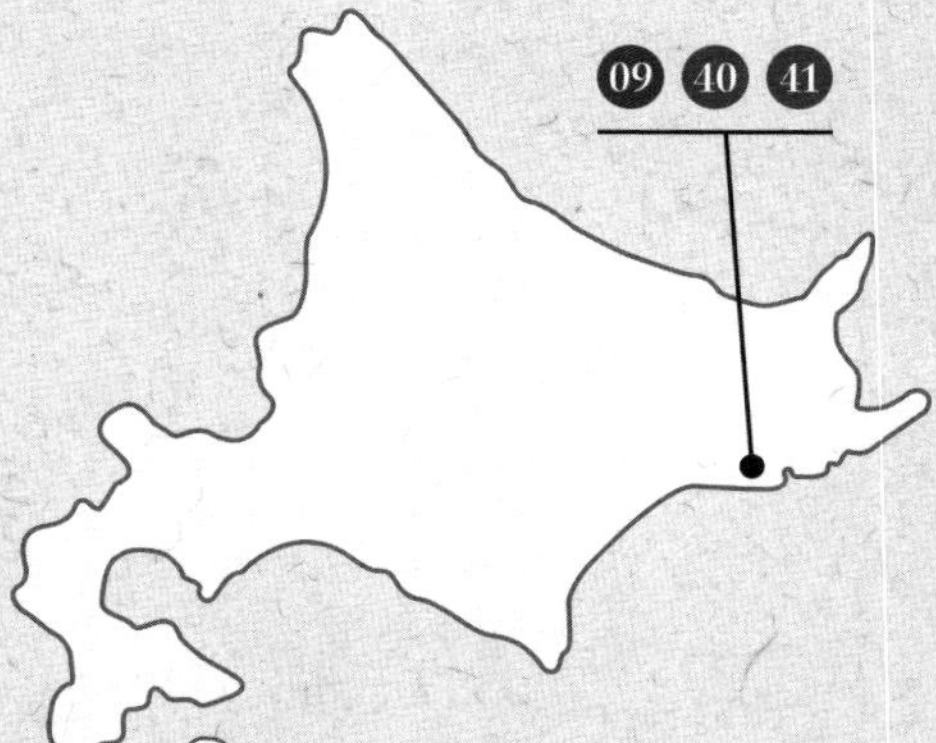

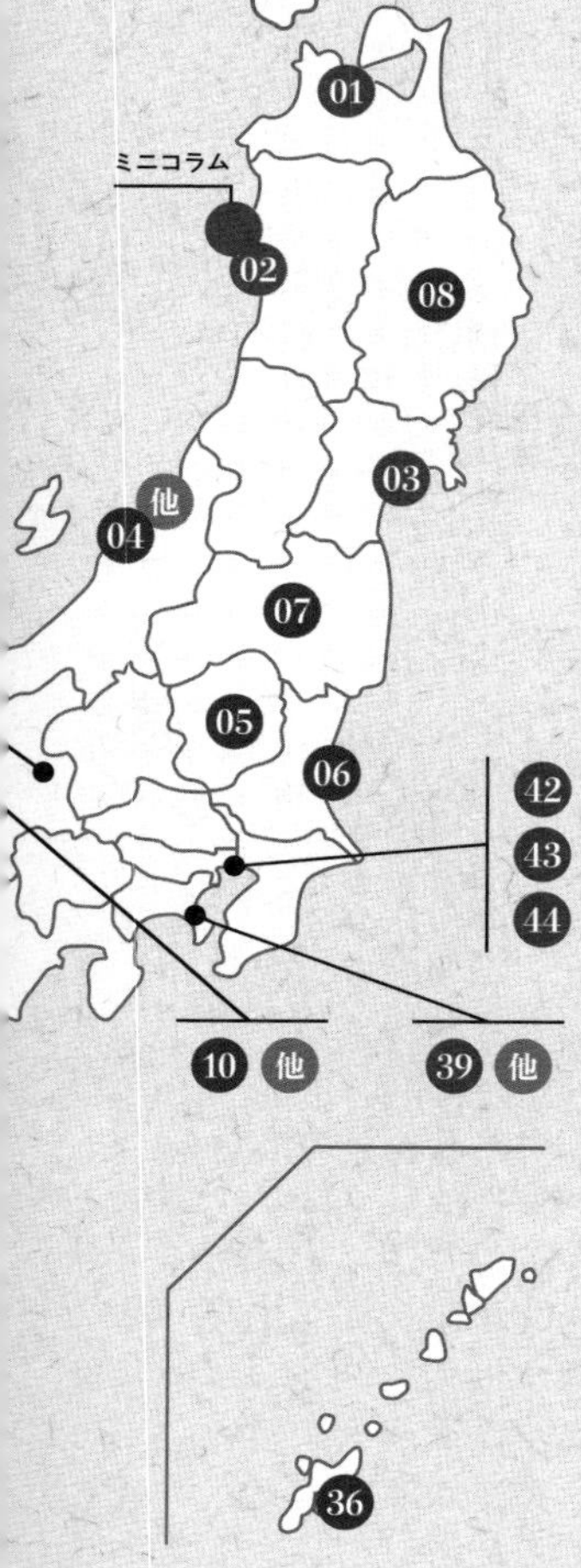

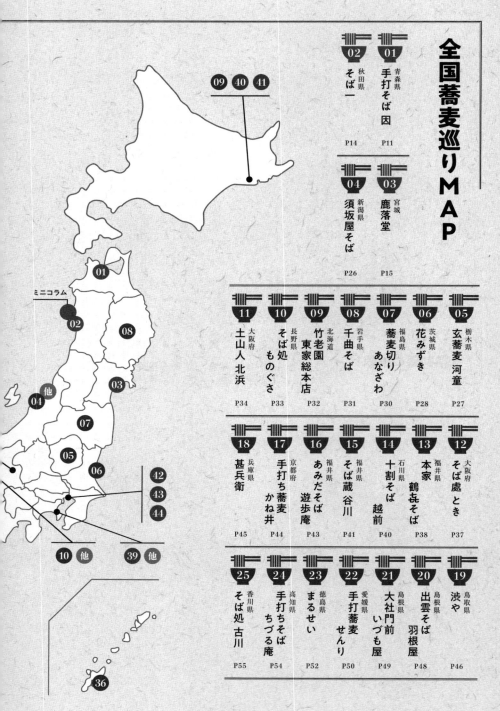

全店の場所がGoogleマップに
あなたも
全県制覇に挑戦！

〈利用上の注意〉

●当サービスは予告無くサービス内容の変更・終了を行う場合がございます。

●Googleマイマップ利用上での不具合や損害、動作不良に関しては弊社では補償できかねます。また、オンラインでの通信による通信料はお客様負担となります。あらかじめご了承の上、当サービスの利用をお願いいたします。

●お使いの機器のバージョン・機種によっては正常に作動しない場合がございます。

●当サービスの情報は2019年11月に取材した情報に基づいています。移動などによる場所の変更など、事前にご確認のうえご利用ください。

●本誌掲載の地図およびデータとGoogleマイマップで表示されるものが異なる場合がございます。当サービスは大まかなアクセスを調べるための目安としてご利用ください。

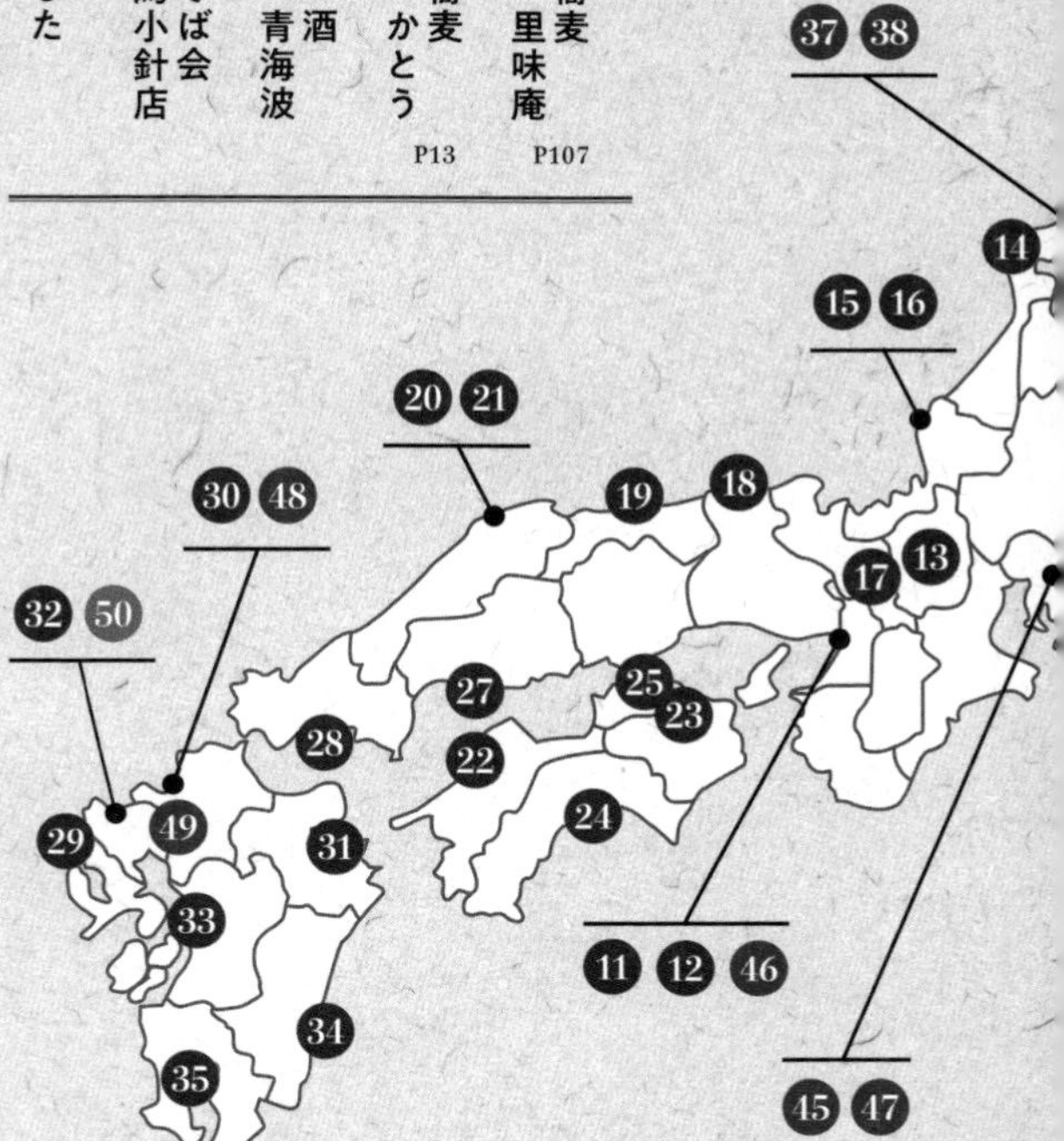

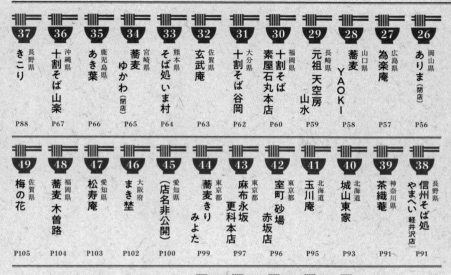

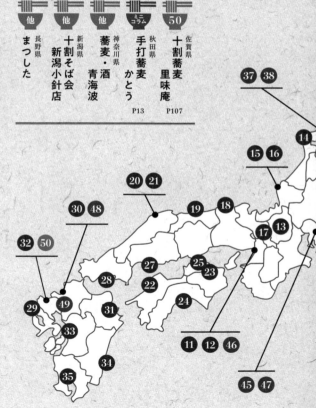

池森 秀一

12月20日生まれ 北海道出身。
1993年、DEENのヴォーカリストとしてデビュー。現在までにシングル47枚、コンセプチュアルマキシシングル4枚、アルバム32枚をリリース。1993年3月10日「このまま君だけを奪い去りたい」でデビュー。NTT DoCoMoのCMソングに起用されいきなりミリオンセールスを記録。同年9月には1st Album『DEEN』をリリース。発売後1週間にしてミリオンセラーに迫るセールスを記録。最終的に160万枚を売り上げた。その後もオリコンNo.1を獲得しミリオンヒットとなった「瞳そらさないで」や「Memories」「翼を広げて」「永遠をあずけてくれ」等数々のヒット曲を生み出し現在までにCDの総セールスは1,500万枚を超える。その歌声を活かす一貫した楽曲づくりで、根強い支持を受け続けている。

DEEN池森秀一の365日そば三昧

2020年1月29日　第1刷発行

発行人　木本敬巳
発行・発売　ぴあ株式会社 中部支社
〒461-0005 名古屋市東区東桜2-13-32
[代表]052-939-5555　[編集部]052-939-5511
ぴあ株式会社 本社
〒150-0011 東京都渋谷区東1-2-20 渋谷ファーストタワー
[大代表]03-5774-5200

印刷・製本　凸版印刷株式会社

ISBN978-4-8356-3937-6